Julio Cortázar y Cris

Cristina Peri Rossi

Julio Cortázar y Cris

menoscuarto

1.ª edición en esta colección: mayo de 2024

ISBN: 978-84-19964-06-9
Dep. Legal: P-90/2024

Diseño de colección: Echeve
Corrección de pruebas: Beatriz Escudero

Impresión: Gráficas Zamart (Palencia)
Impreso en España

Edita: Menoscuarto Ediciones, S.L.
Cardenal Almaraz, 4 - 1.º F
34005 Palencia (España)
Tfno. y fax: (+34) 979 701 250
correo@menoscuarto.es
www.menoscuarto.es

Este libro se ha elaborado con papeles con certificado forestal que controlan el origen de la materia prima provenientes de montes sostenibles, garantizando el respeto al medio ambiente.

JULIO CORTÁZAR,
EL GRAN CRONOPIO

I. QUEREMOS TANTO A JULIO

NO FUI AL ENTIERRO DE JULIO CORTÁZAR. No estoy en la foto. En las numerosas fotos que se hicieron después de su muerte, una lluviosa mañana de febrero de 1984. (Cuántas veces, Julio, habíamos recordado juntos aquellos versos de César Vallejo: «Me moriré en París con aguacero, un día del cual tengo ya el recuerdo».) No quise compartir la dudosa complicidad de los precariamente vivos, de los supervivientes. Aborrezco la muerte y los ritos funerarios. Había otra razón profunda: me negaba a aceptar que Julio fuera mortal, y prefería recordarlo vivo, eternamente joven (bromeábamos, a veces, sobre su aspecto juvenil, como Dorian Gray. «Solo que yo no me voy a despertar un día convertido en un anciano decrépito y asqueroso», decías, sonriente y convencido), sano, viajero, a veces un poco melancólico («la literatura es cosa de melancólicos»: hice esa anotación en una servilleta en la cafetería La Puñalada, de Barcelona. Respondió, debajo, y me devolvió la servilleta: «¿Quién no es un poco melancólico a las seis de la tarde de otoño, en una calle de París o de Barcelona, de Buenos Aires o de Montevideo?») y siempre lúdico. El exilio me había acostumbrado, además, a aceptar la muerte de los seres queridos en la lejanía, a través de una breve llamada telefónica o una esquela funeraria que saltaba de una carta aparentemente trivial. De algo estaba completamente segura, desde hacía unos meses: no quería ver a Julio muerto, en un ataúd. No quería que ese inoportuno recuerdo interrumpiera nuestro diálogo interior, nuestra manera de conversar a veces a la distancia. «El amor es un asunto de palabras», había escrito yo, durante mi segundo exilio, el parisiense, en 1974, frase que hubiera complacido a Lacan, seguramente, si Lacan leyera a jóvenes escritoras latinoamericanas; yo, entonces, tampoco lo leía a él, aunque después lo haya citado. Se cita parcialmente. Aún nuestros enemigos son capaces de decir algunas verdades. Se atribuye al Generalísimo Francisco Franco la frase: «Quien no recuerda la historia está condenado a repetirla». Posiblemente murió sin saber que estaba citando a su odiado Carlos Marx. Solemos tener algunas coincidencias con nuestros enemigos. Julio Cortázar, conversando: «A veces las víctimas eligen oscuramente a sus verdugos». No te hubiera sorprendido nada, Julio, leer en los diarios la noticia de la mujer que solicitó, en los servicios eróticos de Internet, en Estados Unidos, a un hombre que la matara haciendo el amor y lo consiguió. Entonces, posiblemente, hubiéramos recordado otra vez a Marguerite Duras y su novela, *Moderato cantabile,* llevada al cine por un director que nos gustaba mucho a los dos, aunque un poco menos a los críticos cinematográficos: Peter Brook. La recordábamos porque el admirable guión era de Marguerite, los intérpretes nada menos que Jean-Paul Belmondo y Jeanne Moreau, además de la música, tan importante, en toda la película, de uno de nuestros compositores favoritos: Erik Satie, las *Gimnopedias*. Y si hubieras llegado a leer en los diarios —esa afición que ya tenías en el grado de adicción— la noticia de la norteamericana que pidió por los servicios eróticos de Internet a un hombre que la torturara, en el amor, hasta la muerte, me habrías mirado con complicidad y me habrías dicho: «Esa historia escribila vos», porque las historias tienen dueño, tienen destinatarios, las historias y la realidad se mezclan, vos decías: «Nadie puede saber dónde acaba la realidad y empieza la fantasía», límite, frontera que te gustaba tanto cruzar en tus relatos, «pero en la vida hay que tener cuidado —decías—, porque si no, se puede acabar como el Tito Monterroso». «¿Cómo acabó el Tito Monterroso?», podía preguntarle un lector, un admirador ingenuo. Entonces, con mucha seriedad, Julio le contestaba: «El Tito terminó escribiendo: "Cuando despertó, el dinosaurio todavía estaba allí", cuento que nadie entiende. Y el primero que no lo entiende soy yo». Y el lector o el admirador ingenuo se quedaba sin saber si Julio le estaba tomando el pelo al Tito, a él o al dinosaurio. Sin contar con que los dinosaurios eran los animales favoritos de Cortázar —¿tengo que decir que también los míos? Coincidencia que nos valió sonoras carcajadas y numerosos envíos, desde distintas partes del mundo, de libros, maquetas, inflables e información sobre dinosaurios—, mucho antes de que Spielberg los descubriera.

No fui al entierro de Julio. No estoy en la foto. Yo sabía —esa fría y lluviosa mañana de febrero, cuando Aurora Bernárdez me llamó a Barcelona, para confirmarme que Julio había muerto— que él y yo seguiríamos conversando de alguna manera, comunicándonos a través de símbolos o señales a interpretar. (Cuántas veces habíamos citado, juntos, el famoso verso de Baudelaire: *«La nature est un temple divin»;* en la selva de símbolos y de signos, el hombre, solo, va descifrando.) Había seguido muy de cerca su enfermedad. (Eso que los malos periodistas llaman «la evolución de la enfermedad».) Julio no tenía cáncer. Aun las personas más cercanas o quienes estuvieron junto a él creen que tuvo cáncer. No existió nunca ese diagnóstico, sino todo lo contrario. (Lamento, Mario Muchnik, contradecirte. En el hermoso capítulo que le dedicas en tu libro *Lo peor no son los autores*[1], reco-

[1] Taller de Mario Muchnik, Madrid, 1999.

ges la versión más difundida, la del cáncer. No es raro. La enfermedad que padeció Julio no estaba todavía diagnosticada, no tenía un nombre específico, se la llamaba: *pérdida de defensas inmunológicas*. La misma que se había llevado a Carol Dunlop, la segunda esposa de Julio Cortázar, un tiempo antes. Se caracterizaba por un cuadro de aumento desmesurado de los glóbulos blancos, manchas en la piel, diarreas, cansancio, infecciones oportunistas y culminaba con la muerte. En noviembre de 1983, en Barcelona, Julio, muy preocupado por su enfermedad, me enseñó una placa negra en su lengua: el sarcoma de Kaposi. Padecía, entonces, un virus que desconcertaba a los médicos y no tenía ningún tratamiento específico. Ningún médico sabía, tampoco, cómo se transmitía o cómo se contraía. Alarmada, le pedí a Julio que consultara con un excelente médico y poeta barcelonés, Javier Lentini. Éramos muy amigos y me merecía toda la confianza. Fuimos, Julio y yo, con los análisis en mano, a verlo. Javier Lentini era un hombre excepcional: generoso, entusiasta, solidario, siempre dispuesto a ayudar a quien se lo pidiera. Escribía en la revista *Jano,* una revista para médicos, pero él se ocupaba de la sección cultural, que era, por cierto, excelente. Coleccionista de pintura, gran amante de la poesía, fundó, financió y dirigió *Hora de poesía,* la única publicación dedicada exclusivamente al género, en Barcelona, que duró varios años, hasta la muerte de su creador, y donde publicaron casi todos los poetas de Europa y de América Latina, en su lengua, o traducidos. Javier conocía bien la obra de Julio Cortázar, lo admiraba como escritor y como persona, y me había pedido, muchas veces, que se lo presentara, en alguno de los viajes que hacía a Barcelona. Estaban destinados a conocerse y a estimarse mutuamente, de manera que la entrevista médica, exhaustiva, se prolongó luego, en una cena en la hermosa casa de Javier, en la calle Balmes, donde estaban sus colecciones de arte y de instrumentos de cirugía. Javier Lentini confirmó que los análisis de sangre de Julio y otras pruebas descartaban la existencia de un cáncer, y atribuyó la enfermedad a un raro virus sin identificar. Aprobó la actuación de sus colegas franceses, pero se mostró completamente desconcertado ante la enfermedad. Faltaba una pista objetiva cuya importancia solo ha podido aquilatarse de manera retrospectiva: dos años antes de contraer la enfermedad, Julio Cortázar recibió una masiva transfusión de sangre, en un hospital del sur de Francia, donde estaba pasando las vacaciones de verano con su reciente esposa, Carol Dunlop. La transfusión se realizó a raíz de una hemorragia estomacal. «Soy un hombre nuevo —me escribió entonces—. Me han cambiado toda la sangre.» Algunos años después de su muerte, el ministro de Sanidad de Francia dimitió, por el escándalo de la sangre contaminada de sida. Curiosamente, Carol falleció —antes que Julio— también a causa de una rarísima enfermedad no identificada, un virus desconocido que le provocó la pérdida de defensas inmunológicas y la aparición de infecciones oportunistas. Es verdad que era mucho más joven que Julio, pero en ella, la enfermedad fue muy rápida, porque le habían extirpado un riñón años antes, en su juventud. Javier Lentini ya no está para confirmar un diagnóstico que hoy sería mucho más fácil, pero recuerdo una conversación que tuve con él, a fines de 1987, en casa de la escritora y amiga Ana María Moix. Yo me estaba reponiendo, entonces, de una operación quirúrgica, y ambos recordamos llenos de emoción a Julio. Le dije: «Creo que ahora los médicos podrían diagnosticar con exactitud la enfermedad que lo mató». Javier, con su habitual ternura, me respondió: «La podríamos diagnosticar, Cristina, pero no la podríamos curar. El nombre no tiene importancia, lo único que importa es si podemos curar. Y no lo hubiéramos podido curar».)

Antes de su enfermedad (una de las pocas que tuvo a lo largo de su vida), Julio, sonriente, solía decirme: «Soy inmortal», frase que me ponía los nervios de punta. No era aprensivo, y la soportó con estoica gallardía, con elegancia, solo un poco irritado por la inoperancia de los médicos. Era un hombre optimista que no se derrumbó nunca, ni ante la muerte de Carol, ni ante su propia enfermedad. («Estoy bien dotado para la felicidad», me había dicho a mí, una romántica que jamás ha creído que la felicidad sea algo más que una palabra de uso inapropiado.) Cuando me decía, sonriente, «Soy inmortal», yo sentía irritación, aunque comprendía a qué se refería. No era una creencia metafísica, ni religiosa, por supuesto: Julio era demasiado racional, demasiado lúcido como para eso. Se trataba de la convicción de que la muerte era otro estadio, diferente al de la vida, del cual, a veces, nos llegaban oscuros retazos, auras, extrañas comunicaciones. No era una *idea,* era una especie de presentimiento, en un hombre que combinaba con mucha armonía la filosofía de la Ilustración y de la Modernidad con el gusto por el inconsciente, el azar, los sueños y los símbolos, para un escritor que transgredió los límites del realismo y de la razón.

Aquella triste y lluviosa mañana de febrero, en París, Julio ya no me necesitaba —aunque yo lo necesitara tanto—, ni tampoco Aurora Bernárdez, su primera esposa, la mujer que lo cuidó durante los últimos meses y a la que él nombró su albacea. Podía imaginarme que muchísima gente —amigos y no tanto— estaría allí, en una ceremonia que él hubiera querido lo más íntima y modesta posible. Podía imaginarme también el dolor de sus numerosos lectores de todo el mundo, aquellos que en sus textos habían descubierto no solo a un gran escritor, sino a un amigo, a un semejante. Se puede admirar mucho a un escritor, pero no, necesariamente, quererlo. Julio despertó siempre el cariño y la complicidad de sus lectores y de sus lectoras, porque «soy un poeta, vivo como escribo» (del acto I de *La bohème,* de Puccini. Lo habíamos oído en muchas versiones: Renata Tebaldi, Victoria de los Ángeles, María Callas, Montserrat Caballé, y la casi inencontrable versión de Claudia Muzio. Yo había perdido, en la huida al exilio, el único disco que tenía de esta soprano, una de mis favoritas. Julio lo encontró, una vez, en Londres, y me lo regaló. Decidimos que era la mejor Mimí de toda la historia de la ópera). El olfato de los lectores suele ser muy agudo: descubren cuándo entre la vida y la obra hay una coincidencia de valores éticos.

El teléfono de mi casa comenzó a sonar, esa cruel mañana de invierno, con demasiada frecuencia: sí, ya sabía que Julio había muerto, no, no pensaba ir a su entierro, no iba a explicar por qué, sí, gracias por acompañarme en el dolor, frase retórica, no hay manera de acompañar a nadie en el dolor. A la noche, decidí salir de la casa, para no escucharlo más. Le pedí a una amiga que me llevara a dar un paseo en auto por Barcelona. Regresé a las doce de la noche (la hora de los vampiros, ¿te acordás, Julio?), me tomé un somnífero y me dormí. Poco después, un estallido violento y la sacudida de la cama me despertaron sobresaltada, sin saber qué ocurría. Me lancé a la ventana que daba a la calle, ya que la explosión había venido de allí, y observé que en la calzada había vidrios, trozos de pared y un hombre, caído, que intentaba sostenerse la pierna destrozada. Varios vecinos también se asomaron a sus respectivos balcones y, desde lejos, se oyó una sirena policial. Bajé. El portal del edificio donde yo alquilaba un piso estaba deshecho: el grupo independentista Terra Lliure, catalán, había colocado una bomba en la empresa eléctrica lindera. La onda de expansión del artefacto destruyó los portales, hizo saltar muchos vidrios e hirió gravemente a un pobre hombre que pasaba por ahí, rumbo a su empleo, a la madrugada. Esa noche, ya no dormí. Estaba demasiado nerviosa. La muerte de Julio, el atentado terrorista que me hacía recordar los peores tiempos vividos en Montevideo, antes de exiliarme, me tuvieron despierta, como si, de pronto, una rara conspiración se hubiera desencadenado. No había relación aparente entre un hecho y otro, pero mi cabeza (como la tuya, Julio) encontraba, en el azar, cifras, misterios, lenguajes crípticos a revelar. Pasé la mañana inquieta, desasosegada. Al mediodía, decidí bajar hasta una cafetería cercana, donde me conocían bien, porque yo solía leer el diario y escribir un poco todas las mañanas. Fui con una amiga. El dueño del bar me comentó algo acerca de un escritor francés, dijo, al que creía haber visto alguna vez conmigo, en una mesa, y que acababa de morir. De pronto, sentí la imperiosa necesidad de abandonar la cafetería y volver a mi casa. Tenía una sensación rara de peligro, de riesgo. No tuve paciencia como para esperar el ascensor y decidí subir a pie los ocho pisos, hasta mi casa. Cuando llegué, me di cuenta de que el marco de la puerta había sido forzado por ladrones, pero que no habían conseguido entrar, y que huyeron, posiblemente al escuchar mis pasos. Respiré, aliviada: de pronto, el miedo desapareció. Me acordé de uno de los temas favoritos de Cortázar: decía que los cronopios tenían un ángel de la guarda. Los cronopios no solo se reconocían entre sí por más lejos que vivieran o que hubieran nacido, sino que además, cuando un cronopio moría, se convertía en el ángel de la guarda de otro cronopio. Esta afirmación, querido lector, querida lectora, no la encontrará en ningún libro que se haya publicado sobre Julio Cortázar. Porque la mayoría de los libros que se han publicado durante su vida o después de su muerte han sido escritos por hombres, periodistas, profesores de universidad, toda esa gente solemne y muy racional a la que trataba con cortesía, por supuesto, pero que no llegaban a las entrañas de su corazón («las telas del corazón», una de las primeras metáforas escritas de la lengua castellana, en el *Cantar de Mio Cid*). «A mí me gusta hablar con las mujeres —decía a menudo Julio, con más frecuencia en sus últimos años—. Los hombres son demasiado serios, demasiado racionales. Las mujeres hablan con el lenguaje de la emoción, eso que nos cuesta tanto reconocer a los hombres de mi generación, por lo menos.»

Esa mañana, instintivamente, elevé la cabeza y le hice un guiño a Julio, al Gran Cronopio, por si estaba allí, custodiándome.

A los pocos meses de su muerte, la Universidad de Valencia organizó un homenaje a Julio Cortázar, el primero, creo, que se hizo en España. Entre los invitados estábamos Mario Muchnik y yo. El acto se realizaba en la Llotja, pero su capacidad estaba completamente desbordada por el público, de modo que fue necesario instalar altavoces en la calle, para que todos pudieran escuchar. Mario iba a ser el primero en hablar. Los empleados habían ajustado bien los micrófonos, revisado varias veces las instalaciones eléctricas. Pensábamos en un homenaje alegre y cariñoso, nada solemne, sin disertaciones, ni protocolo, ni erudición. Una reunión de amigos para recordar al amigo que ya no estaba, o estaba de otra manera. Yo había llevado un par de discos de tangos, cantados por Susana Rinaldi, porque sabía que a Julio, estuviera donde estuviera, escuchar a la Tana cantando *Sur* o *Che bandoneón,* le iba a gustar muchísimo. Pero parecía que Julio no estaba muy de acuerdo con el homenaje, todavía. Porque cuando Mario quiso hablar, una cascada de crujidos inesperados y ensordecedores brotó de los micrófonos y altavoces perfectamente ajustados. Los organizadores, nerviosos, quisieron arreglar el desperfecto de inmediato. No había desperfecto alguno, de modo que Mario podía empezar a hablar sin problema. Inútil: en cuanto abrió la boca, otra vez los ruidos de protesta, los crujidos saltaron de los aparatos. Durante un buen rato, como en una película cómica, los técnicos procuraban arreglar los aparatos, Mario sonreía y miraba al techo, en dirección adonde presumiblemente podía estar Julio riéndose, pero cuando abría la boca, los sonidos ininteligibles se repetían. Entonces yo, que estaba en el estrado, cerca de Mario, levanté la voz:

—Mira, Julio —dije—, no pensés que se trata de un *ato solene*. Somos todos amigos y vamos a reírnos, a escuchar tangos y a estar un rato con vos.

Lo dije sin micrófono. Mario, que me escuchó, se dirigió entonces al aparato, y esta vez, sin ningún inconveniente, pudo hablar. Pudo recordar al amigo. Y yo pude hacer sonar en el tocadiscos los compases inconfundibles de *Sur,* en voz de la Tana Rinaldi, que cada vez canta mejor[2].

Este libro tampoco es solemne, no tengas miedo, Julio. Forma parte de nuestras conversaciones, de nuestros paseos, de los que dimos por París o por Barcelona, de las cosas que hicimos y dijimos, de los sueños y deseos que tuvimos. En lugar de literatura comparada —comparar, por ejemplo, *La ruina de la Casa Usher,* de E. A. Poe, a quien tradujiste, con tu cuento, *Casa tomada,* o el

---

[2] *Cada vez canta mejor* suele decirse de Carlos Gardel.

lenguaje coloquial de *Adán Buenosayres,* de Leopoldo Marechal, con la jerga de algunos personajes de *Rayuela*—, habrá dinosaurios, caleidoscopios, la casa de Aurora en Deià, Mallorca, con sus atardeceres apocalípticos, y el rompeolas de Barcelona («No sé pescar, aunque me gustaría», dijiste. En el malecón, había una hilera indefinida de hombres pacientes, con la caña echada y la mirada perdida. «Se echa la caña para pensar en otra cosa», te dije. «Entonces, mucho mejor. Porque lo raro es creer que se está donde se está, o que se mira lo que hay», agregaste, un poco melancólico).

II. EL ENCUENTRO

A LAS DIEZ DE LA MAÑANA del cuatro de octubre de 1972, el blanco y pesado transatlántico *Giulio Cesare* (como un mastodonte del mar) comenzó las maniobras de desamarre en el puerto de Montevideo. («Yo también me fui de Buenos Aires en barco —diría, después, Julio Cortázar—, y también quise volver en barco. Como si la manera de comenzar un viaje implicara siempre la manera de regresar.» Aquí, sería ineludible para los lectores y lectoras escuchar el tango *Volver,* cantado por Carlos Gardel, naturalmente.) Me asomé a la borda, y a lo lejos, pude ver a mi hermana, que me hacía adiós con la mano, mientras lloraba. Yo también lloraba. Huía, para salvar el pellejo, aunque tenía una duda: ¿valía la pena tanto dolor para salvarlo? Uruguay, tierra de acogida para exiliados y expulsados de todo el mundo —italianos, españoles, polacos, rusos, griegos, turcos, armenios—, se había convertido en lo contrario: un país de éxodo, de exilio, de huida. («El último en irse que apague la luz», fue la frase que un chistoso pintó en el aeropuerto de Montevideo y recorrió el mundo entero.) Antes de subir al barco, me detuve un instante en la redacción del semanario *Marcha,* donde colaboraba (y donde escribió toda la generación del *boom* latinoamericano y la izquierda europea, de Jean-Paul Sartre a García Márquez, de Régis Debray a Marta Traba, de Althusser a Juan Carlos Onetti), y le comuniqué a Hugo Alfaro, el infalible secretario de redacción, que me iba a Barcelona, que era el único que lo sabía, y que por un tiempo («hasta que amaine») él sería mi único contacto con Montevideo. Alfaro comprendió todo con rapidez, solidaridad e inteligencia. Y me fui.

Tenía treinta años, había sido una escritora precoz que comenzó a publicar en la mejor editorial del país (Alfa, propiedad de un exiliado español, *comonó,* Benito Milla, que huyó luego de la Batalla del Ebro y recaló, en barco, en el puerto de Montevideo, aunque su destino era Buenos Aires, porque al mirar el cerro al lado del mar le hizo recordar Montjuich y Barcelona), era profesora de Literatura y la benjamina del semanario, pero tocaban a degüello, y me iba, aunque como dijo Borges de Vallejo, «para qué quería volver si nunca se fue». Al irme, dejaba todo lo que amaba: el perfume de los paraísos de la calle Burgues, mis alumnos (algunos de ellos me salvaron de la destitución por un procedimiento muy eficaz: incendiaron los archivos donde se guardaban las actas del juicio), la estatua al charrúa herido que divisaba desde el ventanal de mi casa, el estuario del Río de la Plata que llamamos mar, las maravillosas librerías de viejo donde se podía encontrar —lo juro— una primera edición de los sonetos de Petrarca o una novela por entregas de Pérez y Pérez, y los cafés (en Montevideo usamos «cafés» por cafeterías) abiertos a cualquier hora del día y de la noche, donde se reunían los exiliados vascos, las prostitutas sin laburo, los jugadores de ajedrez, los tangueros, los empleados de banca, los estudiantes, siempre los estudiantes, y se hacía la revolución mundial. Dejaba, también, mis tres mil libros (comprados, uno a uno, en incómodas cuotas mensuales), mis discos, mis «objetos personales». (Julio: «De chico me volvía loco por los bolsos de las mujeres. En cuanto una de mis tías gordas, Agustina o Celina, se daba vuelta, yo aprovechaba para vaciarle el bolso y me quedaba fascinado con las cosas que encontraba. Imperdibles, llaves, pañuelitos blancos bordados con las iniciales emparejadas, frasquitos de perfume, barritas de labios, pincelitos para las cejas, el monedero, estampitas de la Virgen del Luján, la polvera que despedía olor a talco seco, horquillas negras para el pelo y Cafiaspirina. Siempre había algún bolsillo escondido, además, en el bolso, con tesoros inesperados: la fotografía de un abuelo presuntamente europeo, el poema de un antiguo pretendiente, con la letra azul aguardentosa y deshilachada, o el pétalo seco de una rosa, vaya a saber quién se la había regalado, qué le evocaba». Yo, suspicaz: «¿Y no se te ocurrió preguntarte de grande —y mira que sos grande— qué significaba esa atracción por los bolsos de las mujeres?». «Los hombres siempre creemos que las mujeres tienen secretos, o son un secreto, dirás vos, que has leído a Freud. Yo también lo leí, y te digo que es la fascinación por lo diferente. ¿Qué guardan las billeteras de los hombres? Dinero, documentos, nada más. Pero el bolso de mi tía Celina era como el arca de Noé.») Hay una pregunta tonta: «¿Qué se llevaría usted a una isla desierta?». Julio y yo pensamos, años después, que sería bueno hacer una investigación de campo: qué contenían las maletas de los exiliados chilenos, argentinos, uruguayos. Qué objetos personales —como amuletos o fetiches— intentamos salvar de la diáspora, de la pérdida, de la incertidumbre.

Yo estaba completamente comprometida con el destino de mi país y nunca había pensado en abandonarlo; detestaba viajar («¿De verdad no conoces Buenos Aires?», me preguntó un Cortázar incrédulo) y me gustaba la melancolía de Montevideo, esa ciudad europea en el sur de América que tenía la proporción más alta de intelectuales y poetas por kilómetro cuadrado del mundo. Todos bohemios, románticos y frustrados, porque el país se derrumbaba económicamente (los países no viven de la literatura, y las vacas uruguayas, ahora que se habían acabado las guerras mundiales, ya no eran tan apreciadas en los mercados internacionales) y un profesor ganaba lo mismo que un soldado raso. (Uruguay no ha tenido nunca servicio militar, ni siquiera durante el período infame de la dictadura.) Dos años antes de mi partida había publicado una novela: *El libro de mis primos*[3], que obtuvo el premio de *Marcha,* en su primera convocatoria, y me hizo entrar como colaboradora en el semanario. Era una novela lírica y política (sigo pensando que todo es político, hasta no serlo) de mucha difusión en Uruguay, pero yo creía que nula en el extranjero: al fin y al cabo, éramos solo un pequeño país culto y civilizado, pero en el culo del mundo. Un año después había publicado un libro terrible, *Indicios pánicos*[4], de relatos y poemas, donde de manera alegórica y metafórica advertía acerca de la llegada del fascismo y de la dictadura militar. Cualquiera de los dos libros hubiera bastado para convertirme en enemiga del régimen, y fueron prohibidos (junto al resto de mi obra, así como la mención de mi nombre) a partir del golpe de Estado. Eran los años fervientes, intensos y trágicos de América Latina: dolorosos e inolvidables.

Un año después de llegar a Barcelona, mientras me malganaba la vida trabajando en tareas editoriales y ha-

---

[3] La última edición es de Grijalbo-Mondadori, de 1989.

[4] La edición española es de Bruguera, del año 1980.

bía fundado un comité semiclandestino para luchar contra la dictadura uruguaya (gracias, Francesc Vicens[5] por tu colaboración: fuiste un exiliado del franquismo y tu solidaridad me llenó de emoción), Hugo Alfaro, el secretario de *Marcha,* me reexpidió una carta que había llegado a mi nombre, a la dirección del semanario, en Montevideo. Para mi inaudita sorpresa, la carta me la había escrito y enviado Julio Cortázar, después de haber leído mi novela, *El libro de mis primos* («lo encontré por casualidad, una mañana de invierno, revolviendo una mesa de la librería L'Amerique Latine, donde me siento como un sapo en pozo propio. Siempre encuentro cosas interesantes, de escritores que no conozco y me pregunto cómo los libros habrán llegado hasta allí aunque sé que a lo mejor los vendió un estudiante colombiano para tomar una sopa caliente, o una flacucha argentina para comprarse un par de medias de lana con el frío de París y la calefacción que es muy cara, pero esta vez, Cristina, no fue así; esta vez el libro me buscó a mí: Paco —el librero español— me dijo: "Me acaba de llegar por barco, es el premio de *Marcha,* tengo un solo ejemplar, se lo guardé para usted". El librero siempre me consigue *Marcha* solo con una semana de atraso, y yo me la voy a leer sentado

---

[5] Francesc Vicens fue director de la Fundació Miró, de Barcelona, y, luego, vocal del ayuntamiento de esta ciudad.

en una mesita de la terraza de La Coupole, si el tiempo lo permite, mientras me tomo un café con leche y una medialuna, que es una manera mucho más linda de llamar al *croissant,* con perdón de los turcos. El libro me buscó a mí, Cristina: fijate vos que yo estaba escribiendo entonces una novela que se iba a llamar *El libro de Manuel* y voy y me topo con el tuyo, que se llama *El libro de mis primos,* y esa noche, cuando me lo puse a leer —porque lo empecé a leer de noche, entre el humo de la pipa y un disco de Ray Charles que sonaba como los dioses— me di cuenta de que mi libro era uno de tus primos, fijate vos, Manuel estaba de alguna manera entre tus primos o era uno de ellos, de manera que si yo quería seguir escribiendo esa novela iba a tener que reescribirla, cambiar muchas cosas, lo cual me daba un poco de rabia, todo sea dicho, pero más que rabia me parecía fascinante que vos en Montevideo y yo en París tuviéramos la misma idea, mezclar los géneros, prosa y poesía en una novela, pero no solo la idea, porque no es cuestión de ideas, y esa combinación casi la inventaron los románticos, sino de juegos y de fantasías, de colores y de emociones, así que antes de tirar a la chimenea el libro que estaba escribiendo decidí escribirte esta carta, porque ya Manuel y tus primos son como de la familia. Entonces miré la contraportada del libro y vi tu carita dulce y un poco tristona, tu carita hermosa y tu mirada profunda y supe quién era la mujer que había escrito unos primos que se parecían a Manuel sin saberlo, porque mientras vos escribiste esos primos yo estaba escribiendo a Manuel y los dos sin saberlo, y ahora se han venido a encontrar»).

La carta me llenó de emoción y de sorpresa. Uno de mis escritores favoritos era Julio Cortázar, no solo por su obra, que había leído con entusiasmo, sino por su proyección personal. Para los lectores de entonces, él era, fundamentalmente, el autor de *Rayuela,* novela emblemática para toda una generación, tanto en Buenos Aires como en Montevideo, en Santiago de Chile o en Barcelona. Creo que pocos libros, entonces, fueron leídos con tanto fervor y provocaron tantas discusiones. Julio siempre conservó un fondo de dolor por las críticas injustas, apasionadas y seguramente envidiosas que ese libro suscitó, especialmente en Argentina. En 1969, en las páginas del semanario *Marcha,* Cortázar y el escritor colombiano Óscar Collazos —que luego viviría varios años en Barcelona— sostuvieron una interesantísima polémica acerca de la literatura latinoamericana llamada del *boom* (el crítico Ángel Rama sostenía que había tres sillas fijas: Gabriel García Márquez, Julio Cortázar y Mario Vargas Llosa. Las otras dos no eran estables: Octavio Paz, Alejo Carpentier, Jorge Luis Borges, Juan Rulfo o Lezama Lima eran los candidatos más frecuentes). Yo había seguido la polémica con muchísimo interés, y compartía plenamente las opiniones de Cortázar. Óscar Collazos había acusado a algunos de esos escritores

—especialmente a él— de «europeizantes», como si hubiera dos culturas: una latinoamericana y otra europea, contrapuestas. Con una extraordinaria lucidez (recordemos que la polémica fue a fines de 1969), Cortázar le replicó: «Ya no hay nada foráneo en las técnicas literarias, porque el empequeñecimiento del planeta, las traducciones que siguen casi simultáneamente a las ediciones originales, el contacto entre los escritores, eliminan cada vez más los compartimentos estancos en que antaño se cumplían las diversas literaturas nacionales. [...] los mecanismos formales que vehiculan esas experiencias han cesado de ser privilegio de ciertas culturas; el campo experimental es uno solo, y sus resultados individuales se propagan con una velocidad directamente proporcional a su importancia y su eficacia. Nada me sorprendería que en este mismo momento un novelista sueco o italiano estuviera trabajando a partir de la estructura tempo-espacial de *La casa verde*[6], así como unos cuantos escritores franceses han mostrado ya la influencia que ha tenido en ellos el mecanismo mental y prosódico de Jorge Luis Borges». Vale la pena leer completo el texto de la polémica si se quiere tener una idea de los temas, las preocupaciones y las relaciones entre política y literatura de ese período, el famoso 68, que en América Latina estaba

[6] Novela de Mario Vargas Llosa.

determinado por la revolución cubana, los movimientos guerrilleros en el Cono Sur (tupamaros, montoneros, ejércitos populares) y que culminaría, para desgracia de todos nosotros, con las terribles dictaduras de Chile, Argentina, Uruguay y Brasil. (*Julio Cortázar: al término del polvo y el sudor,* editado por Biblioteca de Marcha, en Montevideo, 1987, reproduce el texto completo de la polémica.) Es curioso que se acusara a Julio Cortázar de «europeizante», cuando siempre escribió en «argentino», y no se hiciera lo mismo con Borges, por ejemplo, que confesaba preferir la lengua inglesa.

Entre todos los escritores del llamado *boom,* creo que Julio Cortázar fue siempre el más querido por los lectores, y con él nos identificábamos más fácilmente los escritores de la siguiente generación. Por su concepción de la literatura *también* como juego (la noción no era patrimonio de Julio; el historiador holandés Johan Huizinga la había desarrollado en su libro *Homo ludens,* de 1944), por su falta de solemnidad, su actitud irreverente frente a las normas lingüísticas de la Academia, por su rebeldía, su espíritu renovador e iconoclasta. Borges podía convertirse en un clásico, igual que Alejo Carpentier o Mario Vargas Llosa; en cambio Julio Cortázar nunca dejaría de ser joven, antiburgués, francotirador, cómplice del lector, un jugador, sin dejar de ser, al mismo tiempo, un gran lector, un escritor culto, un amante de la pintura, de la música y de la literatura llamada «menor». («Me gustan más los escritores llamados menores que los mayores, Cristina. Porque un gran escritor, un Shakespeare, un Cervantes, no inspiran: están ahí, perfectos, solo se les puede admirar. En cambio, cuántas buenas ideas hay en los escritores menores, cuántos fracasos aprovechables; a un escritor menor siempre se le puede corregir, a uno mayor, no.») Aun en los textos más complejos, Cortázar solicita la complicidad del lector, no lo deja afuera, y esta proximidad lo vuelve entrañable, provoca la identificación. Cuántas veces, caminando por Barcelona, por Paseo de Gracia o por la Gran Vía, algún lector, alguna lectora, lo reconocían y se acercaban, emocionados, a saludarlo. Julio tenía una admirable cortesía perfectamente distanciadora. («¿Dónde aprendiste vos esa *politesse* tan medida? ¿La traías puesta de Buenos Aires o es una adquisición francesa?», le preguntaba yo.) Siempre admiré esa sabia distancia justa que conseguía de manera espontánea. (Años después de tu muerte, Julio, yo escribí un poema que empieza así: «En el amor y en el boxeo / todo es cuestión de distancia». Solo entonces me di cuenta de que la distancia justa no la habías aprendido ni en Buenos Aires ni en París, sino en el *ring*, de los boxeadores que admirabas.)

La carta de Julio me llenó de sorpresa y de emoción. Nunca había enviado un libro mío a ningún escritor, ni pedido opinión sobre un manuscrito y, además, en el Parnaso no había mujeres, pero habíamos intentado cambiar el mundo («Quisimos cambiar el mundo / y el mundo nos cambió», escribiría en un poema, años después de tu muerte) y ahí estábamos, en el exilio, los que conseguimos sobrevivir, unos muertos de frío y de hambre en París, muchos reconvertidos en artesanos («Hay que ver lo habilidosos que son los uruguayos con las manos, me refiero a la artesanía, esa cosa que creíamos que practicaban los indios mapuches o los lacandones», le dije a Julio, caminando por Las Ramblas de Barcelona, en 1979. «Seguro que no viste un indio en toda tu vida, so montevideana», me contestó. «Lo vi en las latas de café El chaná», le contesté, «y me sé de memoria un fragmento de *Tabaré*[7] que me enseñaron en la escuela», le dije. «Tabaré no vale —respondió—. Era un indio de ojos azules y piel blanca; digo un indio de verdad»), otros en Estoeselcolmo, aprendiendo sueco («Qué difícil, ché —dijo Julio— y eso que yo tengo facilidad para los idiomas, pero fijate que no tienen una palabra para párpado, tienen que decir algo así como "epitelio que cubre los ojos", de modo, Cris, que esta mañana yo tendría que decirte, por ejemplo, qué bonito es el epitelio que cubre tus ojos al despertar. Pero hay que ver cómo se han portado los suecos con nosotros, no han dejado a ningún exiliado con el culo al aire, les pagan un subsi-

[7] Poema lírico del escritor uruguayo Juan Zorrilla de San Martín, emblemático del romanticismo.

dio para que aprendan la lengua, conozco a más de uno que se hace el sordomudo, entonces van y le ponen un profesor por señas»).

Contesté enseguida esa primera carta; le conté el curioso periplo que había recorrido: de París a Montevideo, donde yo ya no estaba, y de Montevideo a Barcelona, donde empezaba a estar («A veces se llega sin llegar y se parte sin partir —le escribí— como en el amor: cuando dos se separan, uno ya se separó primero, otro no consigue separarse por mucho tiempo y es como si el cuerpo anduviera por un lado y los sentimientos por otro, cosa obvia, por lo demás, a partir de Bergson y de Einstein: ya no podemos creer ni en el espacio ni en el tiempo»). Si para mí era fascinante que Julio Cortázar me escribiera una carta al semanario *Marcha* de Montevideo y la carta me siguiera hasta Barcelona, donde vivía semiclandestinamente, él no pareció nada sorprendido, porque no bien recibió mi respuesta me llamó por teléfono y me dijo: «El azar no existe, es una de las formas que tenemos de encontrarnos o de separarnos, yo tenía que encontrarte como fuera, la carta era el vehículo de un deseo muy fuerte, una conjunción, de modo que hizo lo que tenía que hacer: buscarte donde ella sabía que vos estabas, de todas maneras, le voy a dar las gracias a Hugo Alfaro o como se llame la forma que tiene el azar de tejer los hilos»; entonces yo me acordé de *Rayuela*. La novela comienza con el encuentro de Horacio

Oliveira y la Maga en el Puente de las Artes, en París. «Y sonríe sin sorpresa, convencida de que un encuentro casual era lo menos casual de nuestras vidas y que la gente que se da citas precisas es lo mismo que necesitar papel rayado para escribirse o que aprieta desde abajo el tubo del dentífrico.» Identificándose con el personaje, Cortázar escribe: «Andábamos sin buscarnos, pero sabiendo que andábamos para encontrarnos». Era una de nuestras mayores coincidencias. Como él, yo pensaba que el azar era una de las maneras que tenía el destino de manifestarse y era necesaria la humildad de entregarse a él, olvidar la razón, la voluntad y todos los artefactos del yo, para que la vida fluyera libremente, diseñando la rayuela o la figura geométrica que quisiera. Hasta el final, nos fueron ocurriendo pequeñas cosas maravillosas, inexplicables, que aceptábamos con regocijo, yo con más cautela, porque Cortázar era un optimista, y yo, una desconfiada: de la vida, suelo esperar lo peor, porque siempre termina mal. (Cómo te reíste cuando te conté una de mis citas cinematográficas favoritas. En una película de gánsteres clase B, el gordo facineroso se está vistiendo de esmoquin, para asistir a una fiesta, cuando se da cuenta de que su abogado lo ha traicionado. Con una mirada ordena a uno de sus matones que lo liquide, y mientras el abogado yace en el suelo, curtido a puñaladas, antes de que muera, el gánster se acerca y le susurra: «La vida dura, y después, se acaba».)

Dos meses después de haber intercambiado las primeras cartas (ambos amábamos el género epistolar. Qué hubiera sido de nosotros, los exiliados, qué hubiera sido de los emigrantes sin la correspondencia. Vos escribías tus cartas como tus cuentos, como tus novelas, era imposible distinguir un género de otro, porque el estilo es el hombre. Tus cartas formaban parte de tu obra completa, es decir, de tu vida entera. Lacan te corrigió: dijo que el estilo es el hombre a quien le hablo —¿concebía Lacan la posibilidad de hablarle a una mujer, o en tanto «continente oscuro» las mujeres tampoco determinan el discurso del hablante?— y es posible que no exista antinomia entre ambas afirmaciones, porque quizá tu interlocutor/a siempre era el mismo, la misma: la imaginación de quien habla, de quien escribe), me invitaste a ir a París, a conocernos. No conocía París. Me había exiliado directamente de Montevideo a Barcelona, en barco. Franco estaba vivo, y yo, sin residencia. Viajaba a la frontera cada tres meses para volver a entrar (y de paso, ver alguna de las películas prohibidas por la censura, como *El último tango en París, Saló* o *Portero de noche,* y volver a oír las voces originales de Marlon Brando, Dirk Bogarde, María Schneider y no esos horribles doblajes a los que no llegué nunca a acostumbrarme). Tomé el tren en la estación de Francia, en Barcelona. Era invierno, un duro invierno en toda Europa. «Te espero en la *gare* de Austerlitz», me dijiste por teléfono. Yo nunca había visto la nieve. Gasté el último dinero que me quedaba en comprarme botas altas y un gorro de piel, porque siempre andaba resfriada, a punto de contraer alguna infección maligna (te dije que había tenido tuberculosis, de pequeña, y me contestaste que la vocación literaria me venía de ahí). Acababa de perder un gran amor, además de haber perdido la revolución, mi casa, mi familia, mis libros, mis alumnos, mi ciudad y mi pasado, de ser «innombrable» en Uruguay (a no quejarse: yo solo perdí mi nombre, otros perdieron la vida). Pero el exilio me acababa de regalar algo con lo que no había soñado: el encuentro con Julio Cortázar, en la *gare* de Austerlitz. No me gusta viajar, me gustan las personas. Solo viajo para ver a alguien, y en este caso, París era solo un telón de fondo.

Cuando llegué, lo divisé, altísimo, flaco, desgarbado, con una leve barba que le cubría las mejillas y los ojos más celestes y acuosos que había visto en mi vida. Un nombre me vino a la cabeza: «Papaíto piernas largas». Era el título de una novela de Jean Webster que había leído en mi infancia.

(Tiempo después, con mucha cautela, se lo pregunté: «¿Vos leíste *Papaíto piernas largas*?». Con infinita paciencia, me contestó: «Sí, Cristina, lo leí, en la colección Robin Hood, de tapas amarillas. Pero a mí me gustaría ser otra cosa, no tu papá». «Lo digo por las piernas», me defendí. «Te equivocás, Cristina, no son piernas: son zancos.»)

Luego de estar una semana en París, regresé a Barcelona (entonces trabajaba en la editorial Lumen). Era el 13 de febrero de 1974. Ese mismo día, Julio me envió una carta manuscrita:

«Ahora estarás tomando tu tren, yéndote. Pero volverás, de alguna manera, volveremos a vernos. Hay tantas provincias que todavía no hemos explorado en nuestro país conjunto. No sé si te gustan las canciones de Joan Báez, si te gusta el jazz de los viejos tiempos o el moderno, si eres vampiróloga, si tienes un lunar en el antebrazo izquierdo (son cosas que se saben en verano, los lunares y las vacunas). Y vos no sabés nada de mí, porque nada me preguntás, siempre un poco maravillada, como si yo pudiera molestarme de que me preguntes cómo vivo y de qué largo pasado vengo. O sea que hay provincias y provincias, pero, además, Cristina, ayer hubo tu pequeña mano siempre un poco fría, un poco gorrión en la llovizna, que se posó en mi pelo y me acarició brevemente, deliciosamente [...] algo me dice que vos y yo venimos ya de una especie de relación anterior, avatares de otra remota amistad que no hará más que continuar, como si siempre nos hubiéramos encontrado en París o en cualquier rincón del mundo. [...] Déjame ser el unicornio que bebe de la mano de la doncella en los tapices medievales; a su manera, él es feliz, está colmado».

III. EL PAÍS CONJUNTO. LAS PROVINCIAS

Sí, claro, me gustaba Joan Báez, era una de mis cantantes favoritas, sí, claro, moría por los *blues,* especialmente si eran cantados por negras, sí, Marian Anderson, sí, Louis Armstrong, sí, Charlie Parker, sí, la ópera (vos en El Colón, de Buenos Aires, yo, sintonizando, en mi cuarto de adolescente inconformista, las emisoras argentinas que retransmitían *La bohème* interpretada por Victoria de los Ángeles), sí Mina, la tigresa de Cremona, sí Víctor Jara, el estadio lleno, lo vi en Montevideo, no, mira, la Tana Rinaldi no, a mí me gustan más Gardel y Florentino, pero qué decís, che, si la Tana es una diosa, ella sí le dio la vuelta al tango, que era un lamento de cabrones, según Valle-Inclán, al final, al final me hice fanática de la Tana, me convenciste, oíamos juntos a la Tana cantando *A un semejante* y los pelos se nos ponían de punta (le escribiste en la solapa de un *long-play:* «No sé lo que hay detrás de tu voz. / Nunca te vi, vos sos los discos / que pueblan por la noche este departamento de París. / Te busqué en Buenos Aires, pero sabes seguro / cuántos espejos de mentira te hacen pifiar la esquina. / Cómo después de andar de bache en bache / acabas con ginebra en un boliche / murmurando la bronca del despiste. / No sé, ya ves, ni cómo sos. / Tengo las fotos en tus discos, gente / que te conoce y te describe / paredes de palabras con glicinas / y vos detrás, inalcanzable siempre»). No llegaste a saber —porque la muerte, esa otra provincia, te lo impidió— que Susana Rinaldi y yo nos haríamos amigas en Barcelona, cuando vino a cantar a voz en cuello, literalmente, en la plaza de la Catedral, y dejó una versión inolvidable de *Che bandoneón,* que tengo registrada en vídeo, por si la querés ver conmigo de esa manera invisible y afilada que tenés de estar cuando menos lo espero.

Animal emblemático: el dinosaurio. No sabíamos por qué, pero nos volvían locos los dinosaurios. Estuvieras donde estuvieras (porque viajabas muy a menudo: huías de París, a veces, a lugares remotos, no solo a Cuba o a Nicaragua), siempre encontrabas algún libro sobre dinosaurios para enviarme, o una postal del Monstruo del lago Ness, o una maqueta. No fue nada raro que yo publicara por primera vez, en 1976, el libro de relatos *La tarde del dinosaurio,* y vos lo prologaras[8]. En una carta de 1978, me escribiste: «Si ya te mandé hace años este libro

[8] La primera edición es de Planeta, 1976, y hay otra, posterior, de Plaza y Janés, de 1981.

sobre los dinosaurios, merezco que lo tires por el balcón a riesgo de acabar con la vida de alguien que pase por tu calle. Estoy casi seguro de que no te lo envié, pero a la vez, hay algo en el fondo de la memoria... ¿Otro libro sobre el tema? Como bien sabes, es imposible definir qué nos pasa a los adictos a los dinosaurios: acabo de ver este ejemplar en una librería y no pude resistir la tentación de enviártelo. Como complemento, una anécdota que me encanta. Una amiga pintora mexicana tiene una niña de ocho años, que sabe todo lo que se puede saber sobre los dinosaurios, igual que vos y yo. Lo malo es que en la escuela se empeñan en enseñarle también la Revolución francesa, razón por la cual el otro día volvió de clase y le preguntó a su madre: "Mamá, ¿a la reina María Antonieta le cortaron la cabeza antes o después de los dinosaurios?". ¿Cómo va la maqueta del diplodocus? En Chicago —sí, en Chicago—, encontré a un especialista en esqueletos, un paleontólogo o algo así que me regaló una vértebra, parecía una piedra, te lo juro, el tipo era simpático pero un poco chiflado, me dijo que había una nueva clasificación, ahora resulta que no descendemos de los monos sino del *archaeopteryx,* que es una palabra que a vos te gusta poner en los poemas pero yo estoy un poco viejo para estas cosas, le dije que prefiero llamarlos dinosaurios, en general, sin entrar en detalles». No hablábamos mucho de literatura. (Pero ¿hay alguien que pueda hablar de literatura? La provincia literatura es la provincia vida, son el mismo país.) Solo observaciones o comentarios esporádicos, aislados. (Yo: «Acabo de leer los cuentos de Giorgio Manganelli: *Centuria*. Qué bueno es, por favor. ¿Lo leíste?». «No solo lo leí: lo conozco personalmente. Es uno de esos genios menores que te hacen sentir mucho mejor una mañana de lluvia en la que te levantaste con dolor de cabeza, estás escribiendo un artículo sobre los desaparecidos en Argentina, dos amigos chilenos te piden que juntes firmas para un manifiesto contra Pinochet, la casera se olvidó de encender la calefacción del edificio y tenés unas anginas de órdago. ¿Vos sabés lo que es el órdago?» Yo: «Creo que viene del mus. Es un envite o algo así. Y el mus es como el truco, pero en gallego». «Fijate vos. Yo lo tuve que buscar en el diccionario —el Casares, claro— porque mi tía Celina decía que el órdago era una lechuga o algo así. Creo que ella tenía razón. Fijate vos qué bien queda una ensalada de órdago y tomate, por ejemplo.» Además de los dinosaurios, nos fascinaban los caleidoscopios. El problema mayor de los caleidoscopios era que si no los facturábamos bien en el correo, llegaban destrozados. Vos me regalaste el primer caleidoscopio helicoidal, que fue el orgullo de mi colección, hasta que una maldita mudanza lo destruyó. Para los eruditos y los estudiantes que hacen tesis, hay que recordar que Julio Cortázar reconocía en el escritor uruguayo Felisberto Hernández a uno de los creadores de la literatura fantástica rioplatense. Sabía perfectamente los esfuerzos que yo había hecho por publicarlo en España, un país tan apegado al realismo literario desde sus orígenes. Mis esfuerzos habían culminado con la publicación de *Nadie encendía las lámparas* y *Las hortensias,* ambos en Lumen, de Barcelona. Cortázar había introducido a Felisberto Hernández en Italia, a través de Italo Calvino —eran buenos amigos— quien había escrito el prólogo de la traducción italiana. Desde chico, se podía decir que Cortázar fue un lector voraz, adictivo, inmoderado. «Me lo leo todo, hasta los prospectos de los medicamentos», decía. Era particularmente adicto a leer novelas rosa y disfrutaba con Corín Tellado. «Creo que desde los tiempos en que era maestro y vivía en una pensión, en Chivilcoy, donde no había nada que hacer, más que leer, le tomé el gusto a las novelas rosa y a las policiales. A los críticos sesudos —a los Rodríguez Monegal, por ejemplo— no les gusta nada que yo diga que leo novelas rosa y revistas del corazón, les parecen cosas de mujeres, pero te aseguro, Cristina, que más de un viaje en tren se me hizo delicioso con los relatos de *Maribel* o de *Para ti,* que eran las revistas que también leían mis tías.» Julio se había criado en un ambiente familiar femenino —el padre, del mismo nombre, había abandonado a la esposa y a los dos hijos (Julio y Memé) cuando eran pequeños—, y las referencias irónicas a «las tías» (cuyo número era incuantificable) estaban siempre llenas de ternura y de cariño.

Pero había provincias que no compartíamos, también. El gusto de Julio por el boxeo me era completamente ajeno. Lo defendía comparándolo con una danza, pero, en realidad, entre Monzón y Nureyev yo encontraba unas diferencias estéticas irreductibles. En cambio, el fútbol a mí me apasionaba, y a él lo dejaba burlón o indiferente.

Ambos amábamos la poesía. Julio siempre quiso ser poeta, aunque era muy severo con sus poemas. «Por suerte —me escribió una vez— tengo una idea muy clara del lugar que ocupa mi canasto de papeles, y solo acepto de los poemas que escribo muy pocas cosas, cada vez menos.» En 1979, me hizo un regalo muy íntimo: me envió una cinta con los poemas de mi libro *Lingüística general* leídos por él. Me causó una emoción tan honda que hasta el día de hoy no he permitido que casi nadie los oyera. Cuando estoy muy triste o muy nostálgica, sin embargo, coloco la cinta en la grabadora y su voz melancólica, pausada, con las erres inconfundibles, me instala en la eternidad sin tiempo de la memoria, allí donde Bergson («leí a Bergson cuando era muy joven y su concepción del tiempo me impresionó mucho») instaló los sentimientos. Desde entonces pienso que tendríamos que conservar la voz de nuestros seres queridos como conservamos las fotografías o los objetos fetiche. Pero mientras la fotografía es plana, la voz guarda, siempre, el aliento de la vida, nos devuelve mucho más entera a la persona añorada.

El primer libro que Julio me regaló fue un enorme manual de la adivinación, en francés. Volví de mi viaje a París con el mamotreto encima, preguntándome, con curiosidad, por qué había elegido justamente ese libro. A medida que lo fui conociendo más, me di cuenta de que una de sus afinidades con los escritores románticos y con los surrealistas era su curiosidad por las disciplinas oscuras (me niego a llamarlas ciencias ocultas), justamente porque no rechazan la fantasía, ni el misterio, ni el azar, esa manera que tiene el destino de manifestarse.

Sin duda, entre las provincias afines, tengo que colocar Barcelona. A partir de 1975 (cuando yo regresé de mi segundo exilio, el parisiense) nuestros encuentros más frecuentes fueron en Barcelona. Nos gustaba pasear por Las Ramblas, visitar los museos, sus cafeterías y librerías. Se alojaba en casa (yo tenía que estirar la cama agregándole una silla, para que sus largas piernas no sobresalieran) y a veces lo hizo en el hotel Colón o en el Cristal, que tenía una cafetería que yo adoraba —Il treno— porque estaba decorada como si fuera un ferrocarril. (De los hoteles de entonces siempre se quejaba de la mala luz para leer de noche.) Ambos comíamos frugalmente, de modo que los restaurantes no eran nuestros espacios favoritos, pero una vez García Márquez nos invitó a un almuerzo en El Reno, y la comida se prolongó durante varias horas, porque a Gabo sí le gustaba comer. Julio y yo pedimos un bife a la plancha bien hecho, con papas fritas, y Macondo nos miró con pena: éramos dos sudacas flacos y bohemios, incapaces de disfrutar de la gastronomía exquisita de ese restaurante, además Julio tenía ganas de irse porque quería visitar la Fundación Miró, donde se exponían algunos objetos diseñados por el pintor que le fascinaban: los miraba con la alegría y la imaginación de un niño.

Julio recordaba su primer viaje a España, en 1945, en plena dictadura franquista, y decía que le había parecido un país triste, pobre, desolador.

En su primer viaje a Barcelona, poco después de conocernos, me pidió que lo llevara al Parque Güell. «Como vos sabés, yo nací por casualidad en Bruselas, porque mi padre era diplomático, pero al poco tiempo —yo tendría dos años— vinimos a Barcelona. Es imposible, dirás, que recuerde algo de la ciudad de entonces, pero fijate que yo tengo un sueño repetitivo, el de la ciudad, una ciudad que nunca he encontrado, a pesar de mis viajes, y que busco, con la secreta esperanza de encontrarla algún día. En el sueño la ciudad tiene unos edificios muy raros, que terminan en cúpulas redondas, o en punta, y están pintados de colores muy vivos; mirando un libro que tengo en París sobre Gaudí se me ocurrió que es posible que mi madre me llevara al Parque Güell, entonces, y que yo quedara fascinado por sus formas, por sus colores, y algo de eso se haya introducido en el sueño; de todos modos, Cristina, sé que es una ciudad que tengo que construir con pedazos de otras ciudades, como un puzle, de manera que llevame al Parque Güell y a lo mejor es una de las piezas del rompecabezas.» Fuimos al Parque Güell, por supuesto, y como siempre que caminábamos por Barcelona, Julio procuraba pasar inadvertido, lo cual era un poco difícil, dada su estampa y el afecto de sus lectores. Yo también me hacía la argentina («yo, argentino» es una expresión que usamos los uruguayos para desmarcarnos de cualquier referencia o implicación) y siempre agradecí a mis amigos y amigas que nos vieron juntos su discreción: me saludaban de lejos, pero no se acercaban. Era una tarde otoñal cuando fuimos por primera vez al Parque Güell, y nos paseamos entre las columnas divergentes, los mosaicos multicolores y esas raras geometrías de Gaudí que tanto complacían a Julio. «Este era un cronopio», sentenció, aunque yo creo que lo sabía desde mucho tiempo antes. Julio creyó reconocer algunas de las imágenes de su sueño repetitivo, el de la ciudad, pero estaba convencido de que jamás la encontraría por completo, y ese era un buen motivo para buscarla.

Comprábamos los polos en El Corte Inglés. El único lugar, entonces, que disponía de esa prenda en la talla que Julio necesitaba, de modo que se llevaba media docena, de diferentes colores. Yo me sentía un poco rara, era la primera vez que acompañaba a un hombre a comprarse ropa, pero nos proporcionaba una agradable sensación de intimidad. Tanto como recorrer librerías. Si bien yo no conocía cuáles eran los mejores restaurantes de la ciudad y eso era algo que a ambos nos dejaba indiferentes, podía llevarlo a las librerías de antiguo del Barrio Gótico, o a Laie, que era, entonces, una de mis favoritas. Años después, cuando la revolución nicaragüense había triunfado, Tomás Borge era ministro de Interior, ferozmente homófobo, y pretendía convertirse en escritor, Julio me propuso que fuéramos a Laie a comprar libros para enviarle, ya que la pobreza del país impedía tanto la edición como la importación. Julio iba a pagar el envío por avión de una enorme caja llena de libros. Tenía miedo de que Borge y algún otro iniciaran una campaña contra los homosexuales igual que había ocurrido en Cuba, con las nefastas consecuencias que tuvo para hombres y mujeres y para la propia revolución. «Es tan bruto y machista —me dijo de Borge— que en cualquier momento echa de Nicaragua a los homosexuales. Cree que son un peligro para la revolución; cuando le pregunté por qué, me contestó que no tienen pareja fija. Él, sí, tiene, una pobre mujer cargada de hijos a la que engaña con otras, porque él sí, él es muy macho, va dejando hijos por todas partes. Mirá, Cristina, yo le prometí que le enviaría un cajón lleno de libros, ayudame a elegir, pero poné muchos libros escritos por homosexuales, de modo que cuando yo vaya a Nicaragua y me diga que tal autor le gustó mucho, yo le voy a decir: "Sí, viste, era homosexual".» La propuesta me pareció divertidísima, de modo que con gran jolgorio empezamos a llenar un enorme cajón, eligiendo de los anaqueles de Laie todo lo que se nos ocurría. Recuerdo que cogí un volumen con los poemas completos de Kavafis, y le pregunté: «Julio, ¿Kavafis también?». Él, sonriente y entusiasmado como un niño, me contestó: «Sí, Kavafis, y Walt Whitman, y García Lorca, y Oscar Wilde, y Shakespeare, y Manuel Puig, y Cernuda». «Va a pensar que el homosexual sos vos», le dije, riéndome. «Maricón, querida, maricón: homosexual es un término demasiado fino para él. Maricón de mierda, por más datos. Ya estoy disfrutando con la cara que va a poner cuando le diga que todos estos eran maricones. Yo también, le diré, como en Fuenteovejuna.» (Julio tenía la amarga experiencia cubana. Junto a otros escritores de izquierda y solidarios con la revolución, había conseguido la libertad de Calvert Casey, un excelente narrador de la isla, que se exilió en París, pero nunca se adaptó al exilio y se suicidó poco tiempo después, para consternación de todos los que lo querían y lucharon por él. Había intentado rescatar a Reynaldo Arenas y ayudar a muchos otros. «Esto no lo puedo hacer público, porque ya sabes cómo sería usado contra la revolución. Me parece más prudente una intervención discreta; si puedo tener alguna influencia, es cuando no se sabe.»)

Julio tenía más esperanzas con la revolución nicaragüense, entonces, que con la cubana, aunque esto no lo manifestara públicamente. Le parecía que los errores de unos servirían para no repetirlos, por eso, sus viajes se hicieron más frecuentes a Nicaragua, y destinó una parte de sus ingresos por derechos de autor a colaborar con el gobierno de Sergio Ramírez y Daniel Ortega. En el año 2000, cuando escribo este libro, quizá parezca raro o ingenuo que un escritor destine parte de sus ingresos a apoyar una causa revolucionaria: es un período muy narcisista, muy individualista y ya no hay causas comunes. Julio Cortázar tenía, igual que la generación que le siguió —la mía—, una relación estrictamente ética con el dinero. «Con tener para cigarrillos y algún disco me basta», decía, cuando vivía en rue de L'Eperon, en un tercer piso sin ascensor, como el tango. Y libros, cada vez necesitaba menos, porque le enviaban muchísimos. Todos los que no leía o no podía guardar en su pequeño apartamento los donaba a una biblioteca pública, hasta que empezó a mandarlos a Cuba o a Nicaragua. Antes de comprarse algo, pensaba en las necesidades de esos dos países, y siempre decidía que era mejor enviar el dinero a un hospital que comprarse algo que le gustaba pero que no le resultaba estrictamente necesario. (Ante una vitrina de una casa de antigüedades, en París, un juego de aguas en un frasco azul. 1975. Bajábamos a verlo dos veces al día, con la secreta esperanza de que nadie lo hubiera comprado todavía. Costaba treinta francos. «Con treinta francos —dijo Julio— se pueden mandar muchos tubos de penicilina a Cuba», y nos íbamos, con melancolía. Hasta que una mañana, tomé una decisión. «Mandá treinta francos a Cuba y gastate otros treinta en el juego de agua», le dije. Entramos a la casa de antigüedades como dos niños fascinados con los Reyes Magos. Lo compró y lo instaló en la repisa, sobre la chimenea. El agua, azul, subía y bajaba por su propio impulso, dibujando hipnóticas figuras. «¿Alguna vez dormiste en un colchón de agua, vos?», me preguntó. «No, nene —le dije—. No sé nadar.» «Me gusta la idea de hacer el amor sobre un colchón de agua», me confesó. «El problema es si se pincha, como los condones», respondí. «Lo que más me gusta de las mujeres es la capacidad que tienen de romperle los sueños a uno», farfulló, mosqueado.) El Palacio de la Música Catalana era otro de nuestros lugares favoritos. Julio, que se las ingeniaba para aparecer en Barcelona, siempre inesperadamente y como por casualidad, el día de mi aniversario, compró las entradas para oír a Montserrat Caballé cantando por primera vez en público ópera alemana. Fue *La Walkiria,* junto a Birgit Nilsson, y aplaudimos a rabiar.

Regresaste a París y a los pocos días recibí, por correo, una caja bien atada. La abrí, y extraje un horrible muñeco verde, de confección casera, con cara de rana, patas de perro y ojos saltones. Lo acompañaba una nota de Julio. Decía: «Unos amigos chilenos, en el exilio, han fundado un club de cronopios y me mandaron una docena de estos monigotes. No te asustes: al rato de mirarlo hasta parece simpático. Me piden que los reparta entre mis cronopios favoritos, así que te lo mando, podés hacer lo que quieras con él, tirarlo a la basura o meterlo en tu cama, al lado de la almohada, como hacen las niñas buenas —vos sos una niña buenísima, menos mal que Lewis Carroll ya murió, y yo puedo hacerte las fotografías—. ¿Se te había ocurrido que los cronopios eran verdes?». No, no se me había ocurrido que los cronopios eran verdes, pero el muñequito nunca me terminó de gustar. «¿Es un cronopio o es un vampiro?», le contesté, por carta. (Igual que los vampiros, eras alérgico al ajo. En el restaurante, interrogabas al camarero —mozo, como lo llamamos en rioplatense—: «¿La sopa tiene ajo?». Muy orgulloso, el camarero respondía: «Sí, señor, tiene ajo». «Entonces tráigame una ensalada», decías.)

IV. LOS EXILIOS

A MEDIDA QUE VOY ESCRIBIENDO ESTE LIBRO, que no pensaba escribir nunca, siento que el tiempo real es el pasado, el tiempo inmediato es el pasado, y cuando paro a descansar un poco —ya no fumo, Julio, ni siquiera el cigarrillo de después de hacer el amor, qué combate, al fin dejar de fumar fue como exiliarse de la nicotina, como tu muerte fue exiliarme de París y hasta de cierta manera de estar en Barcelona— me siento extraña, el miedo a no volver que nos asalta a los escritores, el miedo a quedarse en aquellas provincias inventadas, en la memoria que es un poco invención y un poco fantasía, pero si es lo único que nos queda de tantas palabras, de tantos paseos, de tanta vida.

Cuando conocí a Julio Cortázar, en París, en 1973, era un hombre melancólico. (¿Quién que lee no es un melancólico, quién que escribe no lo es?) Ya se sentía un exiliado y el golpe militar en Chile y en Uruguay lo había sumergido, de pronto, en una realidad semejante a la de *Rayuela,* con la sustancial diferencia de que los personajes de la novela podían regresar a Buenos Aires, y él, no, como yo no podía volver a Montevideo. Hay exilios políticos, y otros, sentimentales; son las separaciones, y para estos, no es necesario cambiar de ciudad. Julio Cortázar y Aurora Bernárdez, su primera y hasta entonces única esposa, se habían divorciado, hacía tiempo, ya, pero Cortázar arrastraba cierta tristeza, una nostalgia por ese matrimonio deshecho que posiblemente solo le podía confesar a una mujer. («Cada día me es más difícil hablar con los hombres —me decía Julio—. Con ellos, hay que hablar de *temas;* en cambio, me gusta conversar con las mujeres, tienen las emociones a flor de piel, y eso es muy importante para mí, porque los hombres de mi generación se creían muy machos, y el falso pudor les impedía hablar de sus sentimientos.») El divorcio lo había pedido Aurora, a consecuencia de la relación que Julio sostuvo con Ugné Karvelis, durante el primer viaje que hizo a Cuba, invitado por Fidel Castro, a partir del cual Julio Cortázar se convirtió en un escritor políticamente comprometido. (Lo había estado antes, en Argentina, pero entonces, estuvo comprometido en contra del peronismo; ahora lo estaba a favor de la revolución latinoamericana que parecía extenderse como una marea incontenible.) Ugné Karvelis era una mujer muy atractiva, con aspecto de walkiria, vivía y trabajaba en París —agente y asesora literaria— y era una buena embajadora de la revolución cubana; acerca de su belleza y de su valentía política corrían muchas leyendas, pero en 1973, la relación entre ambos ya estaba muy deteriorada, entre otras cosas, por los celos y el alcoholismo de Ugné. Julio no quería hablar de estos problemas, pero muchas veces se lo veía silencioso y triste. Sufrí en carne propia los celos desmesurados de Ugné (esos celos no distinguían sexo, opción sexual ni tampoco a los amigos varones). No vivían juntos, aunque Julio dormía en casa de Ugné casi todas las noches. Además, era su agente literaria. Julio quiso que yo la conociera, aunque me advirtió: «Ugné es muy celosa. Te va a odiar. Olvídate de publicar en Francia: lo va a impedir». La velada en la que nos conocimos fue bastante penosa. Julio me había invitado a ver, en París, la representación de una de nuestras óperas favoritas, *Turandot,* realizada por una famosa compañía teatral de enanos y de enanas (salvo la protagonista, de estatura normal). Apareció acompañado por Ugné Karvelis. La incomodidad de ambos era evidente, y pensé que Julio había tenido que ceder para evitar un conflicto. Intenté tranquilizar a Ugné, pero me di cuenta de que el problema venía de lejos y que yo era, en ese momento, solo una de sus manifestaciones. No hablaron una sola palabra entre ellos, ni antes, ni después de la función, ni tampoco en la cafetería adonde fuimos luego. Hacía mucho frío esa noche, en París, y los miembros de la compañía también buscaron refugio en la cafetería, lo cual animó un poco a Julio —y a mí, todo sea dicho—, porque la tensión que había entre ellos no era nada saludable. Como casi todos los depresivos, me hice la pregunta que no tenía que hacerme: ¿qué le he hecho yo a esta mujer para que me odie? La pregunta correcta debió ser: ¿qué le ocurre a esta mujer para que me odie? Ugné era una mujer muy guapa, una real hembra, y Julio, un hombre muy atractivo, que gustaba mucho a las mujeres; la relación sexual estaba servida, y el conflicto, también. Sé que Julio intentó suavizar la hostilidad de Ugné hacia mí, pero no lo consiguió. Tiempo después, cuando tuve que exiliarme en París y Julio estaba en Brasil, visitando a su madre de incógnito, la llamé para que me ayudara: yo era una compañera política indocumentada, perseguida por la Policía de Extranjería de tres países. La llamé por teléfono, tal como me había indicado Julio, desde Brasil, pero Ugné fue cortante: «Si tenés problemas, arreglate sola», me dijo, y dio por finalizada la conversación. Ugné no me brindó la menor ayuda, ni siquiera quiso verme; en todo caso, gracias a ella, aprendí una amarga lección: los celos de una mujer, por inmotivados que fueran, están por encima de la solidaridad y del compañerismo político. (Son muy amargas, las cosas que se aprenden en el exilio. Pero eso no es lo peor: lo peor es que, posiblemente, la experiencia no le servirá a otros. Todo tiende a repetirse, como en uno de los círculos de Dante.) Cuando Julio regresó de Brasil y se enteró de la actitud de Ugné sufrió un gran disgusto.

Tuvo una de esas cóleras frías, heladas, tan profundas que nada basta para aplacarlas. No sé qué ocurrió entre ellos, porque era demasiado elegante como para contármelo, pero a partir de ese momento, sus relaciones fueron todavía más tensas; para huir del conflicto, y de París, comenzó a viajar con mucha frecuencia, a pesar de que detestaba el avión. Eran huidas, con el pretexto de un congreso, de una invitación a una universidad, pero, en realidad, Julio estaba buscando el amor que le faltaba y dejando atrás una relación cada vez más conflictiva, más peligrosa. «Soy un hombre solo», me dijo a menudo, y eso se le notaba a veces en la mirada, en los pasos.

Yo fantaseaba, a veces, con una reconciliación de Julio con Aurora, aunque él la consideraba imposible. «La vida da muchas vueltas», decía mi abuela. Me acordé de esta frase cuando al final, en París, muerta Carol, la segunda esposa de Cortázar, Aurora Bernárdez lo acompañó cariñosamente y se convirtió en su albacea. Sé, Julio, que el precio pagado fue altísimo, y además, estoy segura de que no te gusta que yo lo diga, pero era como si se hubieran reconciliado.

V. DEIÀ, MALLORCA

Después del primer encuentro en París, Julio y yo nos volvimos a ver en Deià, Mallorca, invitados por Bud Flakoll y Claribel Alegría; ambos eran escritores —él, norteamericano; ella, salvadoreña, pero nicaragüense de adopción—, tenían cuatro hijos, y se habían exiliado en aquel pueblecito que, por entonces, estaba habitado por *hippies* y excéntricos, desde el poeta inglés Robert Graves a un científico de la base Kennedy que había contraído fobia a la electricidad, se iluminaba con velas y no soportaba la máquina de afeitar. (Años después intenté describir el pueblo y sus raros habitantes en un capítulo de mi novela *La nave de los locos*.) Bud Flakoll es el único norteamericano exiliado que he conocido en mi vida: durante muchos años, fue agregado de su embajada en distintos países latinoamericanos, hasta que lo expulsaron por izquierdista y le impidieron regresar a su país (se había negado a ser colaborador de la CIA). Vivía de comprar casas viejas en la isla, remozarlas personalmente, y vendérselas a turistas extranjeros. Con el tiempo, ese fue un buen negocio, pero Bud era un humanista, un hombre de corazón tierno y sensible, además de un excelente historiador, y no obtenía más que el dinero estrictamente necesario para vivir. (Había escrito junto a Claribel una novela, *Cenizas de Izalco,* sobre una matanza de indios, que obtuvo el Premio Biblioteca Breve, de Seix-Barral.) Julio era amigo de ambos desde la época de su matrimonio con Aurora, y nuestras veladas, en Deià, escuchando música, hablando de política y recordando leyendas centroamericanas eran deliciosas. Seguimos, juntos, la marcha de la revolución nicaragüense, a partir de una breve misiva que me envió Sergio Ramírez. La misiva decía: «Me voy al monte, a intentar lo imposible: el derrocamiento de Somoza». Y tuvimos la enorme alegría de celebrar juntos la toma de la ciudad de León y el triunfo de la revolución en el terrado lleno de plantas y de flores de la casa de Bud y Claribel, en Deià: un sueño largamente acariciado por todos. (No era mala noticia, Julio, entre tanto horror, entre tantas víctimas de la dictadura de Uruguay, de Argentina y de Chile que este grupo de locos lindos, como te gustaba llamarlos, consiguiera lo que parecía imposible, liberar Nicaragua, y aquella noche de brindis y de alegría —a Claribel te gustaba llamarla «Cascabel», como la había bautizado mi amiga Lil— supiste que ya Cuba no era la última esperanza, había otra, y me di cuenta de que respirabas, aliviado:

quizás estos locos lindos cometerían menos errores que los otros, quizá la experiencia serviría para algo.)

Era verano y para bajar a la cala más cercana —ese mar completamente azul que se veía al fondo, incitante, fresco, sensual— había que atravesar un largo camino plagado de rocas, piedras, arbustos, helechos, riscos y «numerosos accidentes geográficos», como te gustaba decir. Lo cierto es que ni a vos ni a mí nos atraía mucho la cala, aunque nos gustaba mirar el mar; más bien nos repelía la arena, ese lugar donde se crían bichos conchudos («con perdón de mi tía Celina», decías vos), de modo que cuando la *troupe* —admirable galicismo que habíamos aprendido en los carnavales de Buenos Aires y de Montevideo— se instalaba en la arena, con sus bañadores (la *troupe,* entonces, estaba formada fundamentalmente por mujeres: Claribel, Alicia Beherens —exiliada uruguaya—, Lil Castagnet —amiga mía, también uruguaya—, Bud, el perro, vos y yo), preferíamos sentarnos a la sombra del único chiringuito y tomarnos un refresco, mientras los fotógrafos de *Interviú* nos hacían, a vos y a mí, unas cuantas fotos con teleobjetivo que luego titularon, lo juro: «Julio Cortázar y las tetas», solo porque yo me había quitado la parte superior del bañador. Según la revista, yo era tu nuevo amor. Me fastidié con las fotos, tuve ganas de demandarlos, pero vos, filosófico, dijiste: «Dejalos. Se tienen que ganar la vida. Además, a mí me gustaría que fuera así».

Éramos los únicos, en la cala, contando al perro. Pero el problema no era bajar. El problema era conseguir escalarla, subir, a las dos de la tarde, con un sol que rajaba las piedras, las zarzas que arañaban las piernas, los troncos que se quebraban y el pucho de años de fumadores empedernidos que teníamos, por lo menos vos y yo. Las dificultades te agudizaban el sentido del humor; en cambio, a mí, me lo atrofiaban. («¿A vos, Cristina, no te parece que estas deben de ser las zarzas de los cuentos de Grimm que nunca sabíamos dónde crecían, porque en nuestros montes solo había pasto y a lo sumo madreselvas en flor?» «Yo preferiría las madreselvas, te digo, porque me acaba de picar algo que en Montevideo llamaríamos bicho colorado, porque es invisible, pero me parece que es una ortiga.») «Esto es un safari», proclamó Julio, extenuado. La fila india tenía este orden: primero, Lil Castagnet, veinteañera y deportista, quién se iba a extrañar; segunda, Alicia Beherens, sesentona, a quien ni el pucho ni el exilio le habían quitado agilidad; tercera, iba Claribel, que fumaba menos y hacía un poco de ejercicio («Yo subo las escaleras de mi casa varias veces al día», decía, y Julio la miraba con consternación); luego, Bud, fumador, cincuentón largo, pero bien entrenado en la segunda guerra mundial, y el pelotón era cerrado, de manera patética, por Julio y por mí, jadeantes («Yo tengo treinta años menos que vos, pero de chica padecí tuberculosis», me defendí. «Cómo no ibas a tener tuberculosis, vos. ¿Dónde viste un buen escritor que no fuera tuberculoso de chico o por lo menos en la adolescencia?», respuesta de Julio). Hablamos poco, para guardar el aliento. Cuando el pelotón delantero ya llegó al camino normal, o sea, en línea recta, Julio me hizo la pregunta definitiva:

—Che, ¿cómo se llama esta cala?

Yo, extenuada, balbuceé:

—Yo qué sé.

—Debería llamarse «Calamidad» —dijo Julio, cuando toda su humanidad, es decir, sus casi dos metros, consiguieron sostenerse en pie, a la vera del camino, para decirlo a la española.

Regresamos varias veces a Deià.

La última —no sabíamos que sería la última: en la vida, las últimas veces nunca se anuncian— ya te habías casado con Carol, pero la mayor parte del tiempo la pasábamos en un bello triángulo: Bud, vos y yo. («Esto se parece a Jules y Jim —dijiste— pero vos sos más linda que Jeanne Moreau.» «¿Quién es Jules y Jim?», preguntó Bud, que en materia de cine era poco iniciado, aunque tenía un extraordinario oído, y sabía diferenciar el habla de las ballenas del sonido del radar de los submarinos enemigos, durante la segunda guerra mundial. «¿Se lo explicamos?», me propuso Julio. «No, al gringo no le gustan los triángulos —le dije—. Además, la última película que vio fue *Bambi,* y por culpa de Walt Disney contrajo un edipo incurable.») Pasábamos casi todo el día juntos, los tres, estudiando mapas antiguos, descifrando códigos medievales, y un día, me descubriste haciendo un dibujo. Te dije que era la ruta fluvial que seguían los barcos cargados de locos, por el Danubio y el Rin, según Michel Foucault, en su *Historia de la locura*. «¿Para qué es?», me preguntaste. «Voy a escribir una novela», te dije, y como siempre, me callé, porque vos y yo creíamos que no se debe hablar de lo que no se ha escrito todavía: si uno lo cuenta, está perdido: al resolverlo oralmente, al darle una estructura, una prosa, una sintaxis, al revelar el secreto que todo relato oculta, se pierde el interés de escribirlo. No tuviste tiempo de leer *La nave de los locos,* la publiqué poco después de tu muerte, pero sé que de alguna manera solapada la has leído.

A las seis de la tarde, más o menos, dejabas la casa de Bud y Claribel —donde yo tenía un cuarto— y te ibas a encontrar con Carol, que te esperaba para beberse un coñac y escuchar, juntos, vuestra música favorita. La escena tenía una rara armonía y yo, que era mucho más joven que vos, y todavía me apasionaba por los seres humanos, la encontraba algo estática, demasiado fría. Sin embargo, sabía que escuchar música junto a la persona que amamos es uno de los actos más hermosos de nuestras vidas.

VI. CAROL

En una de tus cartas, me contaste que te habías enamorado. Era la primera vez que me hablabas de amor hacia otra persona y me alegré infinitamente: parecías esperanzado, contento, rejuvenecido. «En cuanto tenga un poco de tiempo libre, iré a Barcelona para que conozcas a Carol. Le he hablado mucho de vos, ha leído alguno de tus libros, estoy seguro de que se querrán, de que serán muy amigas.» No quise imaginarme a Carol; había conocido a algunas mujeres enamoradas de Julio, muy hermosas, pero él parecía completamente ajeno a los sentimientos que despertaba. Solo sabía que Carol había nacido en Estados Unidos, pero vivía en Quebec, era escritora, estaba casada y tenía un hijo de unos diez años. Si le agregábamos los celos —justificados, esta vez— de Ugné Karvelis, el panorama era un poco complicado, pero mi confianza en el amor, que mueve el mundo, me hizo pensar que superarían todos los obstáculos.

Poco tiempo después, en efecto, Julio me avisó, por teléfono, de que Carol y él vendrían a verme, a Barcelona. Recuerdo que a la hora de la cita —en la cafetería de un hotel muy céntrico— Carol y yo, que veníamos en dirección contraria, nos adelantamos a saludarnos y abrazarnos. Era joven, rubia, de cabellos cortos, frágil, tenía una mirada azul inteligente y tímida, al mismo tiempo. No olvidaré nunca nuestras primeras palabras. Al abrazarnos, yo le dije:

—Te doy las gracias por quererlo como se merece.

Y ella, respondió, en un castellano muy afrancesado:

—Y yo te agradezco que nunca lo hayas engañado y lo hayas cuidado.

La fraternidad se estableció de inmediato. Yo me sentía muy alegre porque por fin veía a Julio sonreír, satisfecho, esperanzado. Carol era una compañera discreta, bastante silenciosa, parecía un poco aturdida, todavía, por todas las resoluciones que había tomado (su divorcio, la separación de su hijo), pero muy segura y firme de sus sentimientos.

—Soy feliz, Cristina —me dijo Julio, y yo me llevé las manos a la cabeza. No soy supersticiosa, pero creo que no se debe mentar la felicidad, es tentar a la desgracia.

—Vos callate —le contesté—, no hay que tentar a los dioses. —No tuve un buen presentimiento. De alguna manera, siempre había esperado una reconciliación entre Aurora y Julio, aunque estaba dispuesta a equivocarme, y la ternura que existía entre los dos, la armonía que transmitían me incitaban a la confianza.

Carol enfermó un par de años después del matrimonio, durante un viaje a Nicaragua. Parecía aquejada por un extraño virus, imposible de identificar. Me trasladé a París, en una ocasión, y hablé con el hematólogo que la atendía, muy amigo de Julio. Me dijo que Carol tenía una enfermedad desconocida, muy grave, y que a pesar de todos los esfuerzos que estaban haciendo, no conseguían curarla. A veces la aislaban, para evitar que infecciones oportunistas la afectaran, y también, para evitar el contagio. Julio sufría, pero con una enorme entereza. Creo que no pensaba que Carol pudiera morir, era mucho más joven que él. «Lo lógico, Cristina, es que me muera yo, no ella», me dijo, con los ojos llenos de lágrimas. La última carta que le escribí a Carol, desde Barcelona, llegó cuando ya había muerto. Julio no quiso que fuera a París, a acompañarlo. «Esperame en Barcelona, yo voy para ahí», me anunció. En efecto, vino a visitarme poco después. Yo estaba asustada. Tenía la sensación de que Julio no iba a poder aceptar la muerte de Carol, y que esta especie de ronda de amistades que había iniciado en diversas ciudades era una forma de despedida: sospeché que pensaba suicidarse. De manera que en la cafetería del hotel Cristal, decorada, como siempre, con piezas de reloj que formaban ferrocarriles, le dije, en tono de reproche:

—Vos estás preparando tu funeral. Te estás despidiendo de tus amigos para suicidarte.

Me miró, lleno de ternura, me tomó de la mano, como le gustaba hacer, y me dijo:

—No, Cristina. Tengo un infinito dolor, pero no voy a suicidarme. La muerte me repugna. Siento una terrible soledad, la casa de la calle Martel que compré para Carol y para mí se me cae encima, por eso estoy viajando. Sé que ahora solo me quedan los amigos, y por suerte, los tengo muy buenos, como vos.

La respuesta me tranquilizó un poco, pero seguía temerosa. Recordaba el verso de Vallejo: «Hay golpes en la vida tan fuertes / como del odio de Dios». Lo cité. Julio me miró con melancolía.

—¿Sabés una cosa? A los pocos días de la muerte de Carol, levanté el teléfono y escuché un mensaje grabado. Era de Onetti. Decía: «El de Arriba es un Hijo de Puta».

Lil y yo procuramos entretenerlo, confortarlo, y él se mostró dócil, amable. Mercedes Milá lo invitó a un programa de televisión, de gran audiencia, y él, que ya se sentía enfermo, aceptó con la condición de hablar solo de Nicaragua. Recuerdo que para conducirnos al programa, nos enviaron un auto muy lujoso y a una azafata muy guapa, que estaba emocionadísima de conocer a Cortázar. La azafata le entregó un encendedor Cartier, de oro, durante el viaje, regalo del programa. Julio lo sopesó, lo miró, me dijo: «¿A vos te parece que yo soy la clase de tipo que enciende un Gitane con un Cartier de oro?». Le contesté: «Vos no sos esa clase de tipo, pero no me mires a mí, porque yo tampoco soy la clase de mina que enciende un cigarrillo con un Cartier de oro». Entonces, muy amablemente, Julio se dirigió a la azafata y le preguntó, con aparente humildad, si ella estaba dispuesta a aceptar de su mano un presente: el encendedor de oro. La azafata, completamente desconcertada, lo aceptó.

Poco después, la Maison de L'Amerique Latine, de París, me invitó a participar en un encuentro con Julio Cortázar. Él y yo leeríamos sendos cuentos, en castellano, y nuestra traductora común, Laure Bataillon, los leería en francés. (Vos leíste un fragmento de *Historias de cronopios y de famas,* aquel que describe las líneas de la mano, y yo, el relato «Ulva lactuca», del libro *La rebelión de los niños*[9].)

Los asistentes desbordaron la capacidad («el aforo», dijo Julio, con sorna) del local, de modo que se colocaron altavoces en las escaleras y hasta en los árboles, frente a la fachada del edificio. Había muchas mujeres: ya había empezado la época en que la lectura es cosa de mujeres. Era la primera vez que leíamos juntos en público, pero no se puede decir que fuera un *ato solene,* eso que ambos rechazábamos tan visceralmente. Se respiraba una atmósfera de complicidad, de camaradería, de quehacer

[9] Seix-Barral, 1984, y ediciones sucesivas.

común, que es gozo común. Al fin y al cabo, los que estábamos allí reunidos éramos los sobrevivientes de la generación del 68, de unos valores morales y de una concepción de la vida más justa, más libre. («Cuando acabemos la lectura —me había pedido Julio— vámonos a cenar con algunas amigas tuyas. Pero invita solo a mujeres. Cada vez me siento más incómodo con los hombres.») Carol había muerto, los lectores y las lectoras de Julio querían hacerle sentir su cariño, y él leyó de manera sobria y pausada, con sus inconfundibles erres adquiridas quizás al aprender a hablar, en Bruselas, y que nunca perdió. Fue emocionante, estremecedor, y sin embargo, en ningún momento se rozó el sentimentalismo ni lo patético. Yo le había reprochado una vez, cuando nos conocimos, su distinción entre lectores machos y hembras; los lectores machos eran, por supuesto, los lectores activos, a quienes él se dirigía.

—Es una discriminación injusta y sexista —le había dicho— y me extraña mucho que venga justamente de vos, que lees a Corín Tellado y las revistas del corazón (cosa que seguramente no le confesás a tus amigos varones). Además, la mayoría de tus lectores son mujeres, y no precisamente pasivas: se han jugado el pellejo, son profesionales, han combatido por tus mismas ideas.

Se había arrepentido mucho de esa declaración.

—Me equivoqué, Cristina —me dijo—. Pertenezco a una generación muy machista y cuando dije eso, respondía a un código cultural reaccionario y atrasado. Una idealización del género masculino, a expensas del femenino. Pero sabés bien que me he corregido y soy un hombre nuevo, es decir, medio mujer.

—No basta con la confesión. Es necesario el arrepentimiento, dice la Santa Madre Iglesia —le contesté, riendo—. De todos modos, al lado de tus semejantes, es decir, de tus colegas latinoamericanos, sos Betty Friedman.

Me había encomendado una cena solo con mujeres, después de la lectura, y me sentí feliz de poder reunir a un grupo de amigas que lo querían, lo admiraban y lo comprendían. Invité a Claribel Alegría, a sus dos hijas mellizas, guapas e inteligentísimas, que vivían y trabajaban en París, a Ana Becciu, una poeta argentina que entonces también vivía allí, y a Françoise Campos Timal, que era francesa, pero había vivido y amado en Montevideo, y ahora estaba casada con un médico, el hematólogo de Julio y de Carol. Françoise era una mujer bellísima, culta, inteligente, bilingüe, había traducido algunos textos de Cortázar y algunos míos, y con su cálida voz, hacía un programa de radio de carácter literario, donde procuraba difundir textos de escritores latinoamericanos. Una vez me contó su historia de amor: siendo una actriz muy joven, había llegado con una compañía de teatro francesa a Montevideo. Allí se enamoró de un músico y escritor uruguayo, pobre, como todos los artistas (de apellido Campodónico: en su homenaje, guardó el Campos con el que firmaba), tuvieron una hija, pero él murió muy pronto, de cáncer, y sola, y sin trabajo, tuvo que regresar a París, pero conservaba su amor por Montevideo, por su gente, por los amigos que había dejado. Durante los terribles años de las dictaduras latinoamericanas, Françoise colaboró con los exiliados, sufrió y luchó con ellos. La cena, en un restaurante de París, fue amable, divertida, alegre y muy tierna. Yo estaba sentada al lado de Julio —a la derecha situé a Françoise Campos— y sentía que, a pesar de su inmenso dolor por la muerte de Carol, todavía tenía la facultad de gozar. A la una de la mañana, regresamos caminando juntos a la casa de la rue Martel. No me gustaba la casa. En verdad, no me había gustado nunca, ni siquiera cuando la compró para vivir más cómodamente con Carol. No era un problema arquitectónico, sino de atmósfera. «Es que ella no está, y se nota mucho su ausencia», me diría, después, Julio, mientras me mostraba una horrible fotografía que le había hecho una artista argentina, donde su barba se unía a la cabeza de un gato negro. Foto de la que estaba extraordinariamente orgulloso. «No se sabe dónde empieza el gato y dónde acabo yo», comentó. No me gustaba la casa, no me gustaba el gato y no me gustaba la fotografía de Julio y el gato. Fue la última vez que estuvimos juntos en París.

VII. LOS POEMAS

En 1977, en una de sus cartas desde París, Julio me envió una serie de poemas dedicados; se titulan *Cinco poemas para Cris, Otros cinco poemas para Cris, Cinco últimos poemas para Cris*. (Cris era el diminutivo con que me llamaba, a veces.) Confieso que su lectura, en un principio, me apabulló. Yo, la poeta, me veía ahora tratada como musa, como objeto, y el cambio de papeles trastornaba un poco mi identidad. Pero la identidad no es más que el nombre que damos a nuestros hábitos y costumbres. «Bichito —decía en la carta—, sé que serás benévola con estos poemas, cuyo único delito es haberlos escrito; pero a lo mejor no podía hacer otra cosa, la que hubiera querido, y sin embargo, te los debo, como te debo tantas otras cosas, sé que me vas a perdonar, y sé que los leerás con tu media sonrisa llena de ternura y de comprensión, porque vos lees más allá de las palabras, que es donde se encuentra el verdadero texto.»

Los leí, me emocioné, los rechacé, los quise, no se los enseñé nunca a nadie, me sentí tan incómoda como cercana, maldito Julio, ¿por qué me habías elegido precisamente a mí, una sentimental, una romántica, como el objeto de tu dolor? (Nunca quise ser tu condesa Báthory. Es más: estaba bastante indignada contigo y con Alejandra Pizarnik por haber escrito acerca de ella. No me gustan las condesas y menos, si son sangrientas[10].) Guardé los poemas en el fondo de un cajón, pero no conseguí olvidarme de ellos. Fui lo suficientemente lúcida como para saber que eran buenos poemas, de los mejores que había escrito nunca, y te lo dije, la frustración libidinal es una fuente de sublimación y vos conocías muy bien la poesía de William Blake. «Esta historia la vas a contar vos» era uno de nuestros juegos favoritos: yo le contaba una anécdota que me parecía muy apropiada para él, o él me contaba algo que había oído y le parecía adecuado para mí.

Un tiempo después me pediste permiso para publicarlos, y te lo concedí, por supuesto. Los poemas forman parte del libro *Salvo el crepúsculo*[11], una serie de textos en verso y en prosa donde aparece otra vez el mejor Cortázar, lleno de humor, de ironía, y también, un libro autobiográfico. («Es increíble pensar que hace doce años / cumplí cincuenta, nada menos. / ¿Cómo podía ser tan viejo / hace doce años?» [...] «El tabaco y el whisky se

---

[10] Alejandra Pizarnik es autora de *La condesa sangrienta,* texto en prosa.

[11] Alfaguara, Madrid, 1984.

pasean / por mi cuerpo, les gusta / estar conmigo.») Retoma, ya sin ningún pudor, algunos temas clásicos de la tradición porteña («Rechiflao en mi tristeza» es un poema satírico cuya clave solo puede entender quien sabe que es un verso de uno de los tangos más oídos en el Río de la Plata) y hace una reflexión llena de lucidez: «No sé en qué medida las letras del jazz influyen en los poetas norteamericanos, pero sí que a nosotros los tangos nos vuelven en una recurrencia sardónica cada vez que escribimos tristeza, que estamos llovizna, que se nos atasca la bombilla en la mitad del mate». (Vos y yo nunca tomamos mate, dicho sea de paso, y no sé si lo hiciste con alguien, pero no tenés la pinta de haber tomado mucho mate: creo que se trata de un símbolo literario.) Los poemas no tienen título, sino número. En el primero de la serie de quince, recuerda aproximadamente la edad que tenía cuando nos conocimos, apelando al famoso verso de Dante, con el que se inicia la *Divina Comedia*. («Ya mucho más allá del mezzo / camin di nostra vita», escribe Julio.)

En algunos, recurre a referencias míticas: Ariadna, la sacerdotisa de Sekhmet, el minotauro o el unicornio. Yo aparezco como la transgresora, o como Ama (de un Tiresias dichoso de gemir bajo el látigo). Todo poema es una metamorfosis, un símbolo de pulsiones muy profundas, y una manera de conocer aquello que siempre se nos escapa, el objeto de nuestro deseo. «Lo que no puedo perdonarte —le escribí poco después— es el tercer poema de la última serie, aquel que se inicia de una manera maravillosa: "A veces creo que podríamos / conciliar los contrarios" [...] Recuerdo a Saint-Exupéry: "El amor / no es mirar lo que se ama / sino mirar los dos en una misma dirección" [...] y no te lo puedo perdonar porque ese gran poema que escribiste, termina así: "Pero él no sospechó que tantas veces / los dos miramos fascinados a una misma mujer / y que la espléndida, feliz definición / se viene al suelo como un gris pelele". No solo porque la metáfora final no me gusta —hubieras podido escribir, por ejemplo: se viene al suelo como un tigre de papel o un castillo de naipes—, sino porque nunca, Julio, vos y yo hemos mirado a una mujer de la misma manera, por una razón muy sencilla: vos sos hombre, yo soy mujer, no hay forma de que dos seres de diferente sexo y género miren algo de la misma manera, es una ilusión.» Me contestó brevemente: «Dejame que por lo menos viva con esa ilusión».

No te escribí poemas. En realidad, ahora que lo pienso, salvo alguna entrevista que te hice y publiqué en España, por motivos estrictamente económicos (las penurias del exilio), nunca escribí explícitamente sobre vos, mientras estabas vivo. Te mandaba cartas, parejos en el gusto por abrir el buzón y encontrarlo lleno de sobres con sellos diferentes (yo coleccionaba embarcaciones. Estampillas con barcos, carabelas, piraguas, paquebotes, esquifes y cualquier cosa con forma de cáscara que se deslizara por el agua), reconocía la escritura de tu máquina a simple vista, y el corazón me saltaba de alegría. Hasta que ocurrió aquella cosa tan extraña que a vos no te lo pareció, pero me dejó inquieta y perpleja. Una mañana como cualquier otra, bajé hasta el vestíbulo del edificio donde vivía, en Barcelona, a buscar mi correspondencia matutina. Muchas veces habíamos hablado, vos y yo, del placer de recibir cartas inesperadas, cartas de lectores o lectoras desconocidas, de amigos extraviados en las arenas y en las costas del exilio. (No dejabas de contestar ninguna; sentías una especie de escrúpulo moral, porque sabías que cada carta era un mensaje encerrado en una botella en el mar de la existencia.) Ese día, al abrir el buzón, me encontré con una buena cantidad de sobres blancos con sus rayitas rojas y azules, de correo internacional. Mientras esperaba el ascensor, repasé los sobres, tratando de identificar por la letra a los remitentes. De pronto, en medio del montón, apareció un sobre completamente insólito. Era como todos los demás, en apariencia, solo que sus señas, a máquina, eran las siguientes: Julio Cortázar, 9, rue de L'Eperon, París, France. Di vuelta el sobre, buscando el remitente, pero no lo tenía. Miré otra vez el sobre: el sello era de Inglaterra, la eterna efigie de la reina Isabel, ahora con una banda dorada en el centro. ¿Cómo era posible que una carta dirigida a vos, desde Londres, Inglaterra, apareciera en mi buzón de Barcelona, España? ¿Por cuántas manos había pasado esa carta, desde las brumas del Norte al cielo mediterráneo, para depositarse justamente en mi buzón? ¿Y el cartero? El cartero que siempre se quejaba de que yo recibía demasiada correspondencia y me pedía los sellos repetidos, ¿no se asombró al encontrar en su bolsa de reparto una carta dirigida a Julio Cortázar, 9, rue de L'Eperon, París, France, y la metió sin ninguna duda en el buzón de la plaza Garrigó 8, 8.º 2.ª, Barcelona 08016, que era donde yo vivía? Me lancé al teléfono y te llamé.

—Julio —te dije—, acabo de recibir una carta dirigida a vos, que viene de Londres. Te juro que dice «Julio Cortázar», en el sobre, pero el cartero la metió en mi buzón de Barcelona.

Me escuchaste con esa especie de indiferencia displicente que tenías ante las cosas más insólitas de este mundo.

—¿Tenés el sello o te falta? —me preguntaste con aparente ingenuidad.

—Mirá —te dije—, si es una de tus bromas, no me hace ninguna gracia, porque no sé si recordás que acabo de pasar tres meses en la clandestinidad por la falta de papeles, porque la dictadura uruguaya me retiró el pasaporte y la Policía de Extranjería de España quería deportarme...

—¿Y cómo iba a conseguir yo que una carta dirigida a mí, a París, te llegara a vos, en la plaza Garrigó? —me dijiste, de manera muy razonable.

—Eso es lo que yo quiero saber —grité, nerviosa—. Quiero saber cómo una carta dirigida a vos, desde Londres, me llega a mí, a Barcelona...

—Lo mejor que podés hacer es abrirla y leerla —me aconsejaste—. Seguramente no dice nada interesante. Los servicios de inteligencia son muy estúpidos y suelen confundir las cartas. Vos y yo tenemos la correspondencia controlada, como te imaginarás; simplemente, la han abierto, la han leído, pero en lugar de echarla en la saca de París, la metieron en la saca de Barcelona. La explicación me parecía bastante plausible, pero faltaba un detalle: ¿por qué el servicio de inteligencia equivocado había mandado la carta dirigida a vos justamente a mi buzón? Podía haberla mandado a cualquier otro. Abrí la carta. Era de la revista inglesa *Index on Censorship,* especializada en denunciar la persecución y la censura contra intelectuales y artistas, y te agradecían tu colaboración. Yo había escrito un artículo para ellos, recientemente.

—¿Viste? —comentaste—. La correspondencia de la revista, la tuya y la mía están controladas, ha sido un error de los espías, que también son humanos.

—Pero y mi cartero, ¿mi cartero no había sentido ningún asombro?

—Tu cartero está encantado porque vos ya tenés el sello de la reina Isabel de siete peniques, con banda dorada en el centro, y mañana se lo vas a regalar —dijo Julio.

Se lo regalé. Si me tenía controlada, mejor tenerlo contento.

A veces escucho tu voz y tus palabras en trozos de las cintas que me enviaste y recupero algunas de las cosas más queridas: el olor del tabaco de tu pipa (yo probé a pasarme a la pipa inútilmente: lo único que quería era dejar de chupar la pipa para fumarme un buen cigarrillo), la melancolía de tus ojos celestes, los pantalones de pana que te quedaban un poco cortos, siempre, la manera de pronunciar la palabra «terrrrrrrible» y a Maria Bethânia cantando Drama. Ya no colecciono caleidoscopios —posiblemente porque no estás vos para quedarte extasiado mirando las formas y colores— y tengo la sensación de que el mundo, tal como va, no te gustaría, que tendrías muchas cosas que decirle, con tu sonrisa irónica, con tus atribuciones a la tía Celia, que por suerte no está para desmentirte. También pienso que no te arrepentirías de nada, porque nunca fuiste injusto y tenías un corazón tan grande —como dijo Rulfo— que fue necesario inventarte un cuerpo muy grande, también, para contenerlo.

Para un escritor, lo más difícil es estar a la altura de su obra. En tu caso, eso te exigió crecer muchísimo.

Barcelona, octubre de 2000

SEGUNDA PARTE

VIII. POEMAS DE AMOR A CRIS

POCOS DÍAS DESPUÉS de la muerte de Julio, recibí la llamada telefónica del profesor argentino Jaime Alazraki, de paso por Barcelona, quien deseaba conocerme y conversar conmigo. Yo sabía que daba clases en alguna universidad norteamericana y ahora estaba invitado por la Universidad Autónoma de esta ciudad. Julio me había hablado alguna vez de él y no precisamente en buenos términos, y no me imaginé el motivo de su cita.

Nos encontramos en una cafetería céntrica. Era un hombre alto, rubio, bastante afectado, e imitaba de manera casi caricaturesca los gestos y la manera de hablar de Julio, lo cual me provocó un rechazo inmediato. «Prefiero el original», pensé. Tampoco tuvo suerte con lo primero que hizo: regalarme una fotografía de la tumba reciente de Julio. Una foto de la lápida. ¿Por qué creía este desconocido que yo quería tener una foto de la tumba? Yo diría que fue lo peor que podía hacer con alguien que se negaba a admitir la muerte de Julio, que lo sentía completamente vivo y alguien, como yo, que detesta los rituales funerarios convencionales. Miré la foto por encima y le dije: «No la quiero». Enseguida me dijo que mi ausencia en el funeral le había parecido muy extraña. No estaba dispuesta a darle explicaciones a un desconocido, que se permitía imitar todo el tiempo los gestos y la manera de hablar de Julio y no parecía muy dolorido por su muerte.

Me dijo que lo enviaba el profesor y poeta Saúl Yurkievitch, albacea, junto a Aurora Bernárdez, de la herencia literaria de Julio Cortázar. Saúl y Julio fueron muy buenos amigos en París, durante muchos años, y Julio me había contado algunos dramas de su vida. Nos conocíamos poco y no habíamos intercambiado más que una o dos cartas en todos esos años.

Enseguida, Alazraki, siempre imitando el acento de Julio (incluido las erres arrastradas) y los gestos, comenzó a hablar de un trabajo que ambos, Saúl y él, se habían propuesto: reunir para publicar la numerosa correspondencia escrita por el autor y que consideraban de gran valor literario. Mi sentimiento de rechazo fue inmediato. Recordé vagamente la frase de Hamlet, al referirse a la muerte de su padre y al inmediato matrimonio de su madre: «Los postres del funeral fueron los aperitivos de la boda» (mala traducción mía). ¿Cómo se atrevía este imitador, este falso doble de Julio, a darlo ya por muerto y recopilar su correspondencia? Seguramente advirtió mi rechazo porque comenzó a hablar de la seriedad de los estudios literarios en USA, a diferencia de los países ibéricos, donde no teníamos la costumbre del estudio sistemático ni de la investigación. Al final lanzó la propuesta: Saúl y él consideraban que parte fundamental de la correspondencia de Julio estaría en mis manos, y me la solicitaban para su tarea de recolección.

No pudo hacerme un pedido más desagradable y sentí indignación. ¿Por qué lo daban ya por tan definitivamente muerto como para escarbar en su correspondencia? Y en todo caso, ¿por qué no era Saúl o la misma Aurora quienes me comunicaban el proyecto y me pedían la correspondencia que yo había recibido durante esos años? No habría respondido afirmativamente, pero me hubiera inspirado más confianza. Por otra parte, mi resistencia a publicar la correspondencia íntima entre él y yo estaba ampliamente justificada por un fragmento de una de sus cartas. En efecto, el doce de julio de mil novecientos ochenta y uno, desde Aix-en-Provence, donde pasaba las vacaciones con su esposa, Carol Dunlop, Julio Cortázar me envió una carta donde dice: «*Hemos alquilado la casa de un amigo en las afueras de Aix, en el paisaje de Cézanne cerca de la Sainte-Victoire; estamos muy bien, rodeados de enormes pinares, y mientras Carol termina una traducción y se prepara a reanudar una novela que empezó en el barco de vuelta de los Estados Unidos, me pongo al día en materia de correspondencia atrasada (kilos) pero además organizo una especie de libro donde quiero poner poemas viejos y menos viejos pero alternándolos y mezclándolos con prosas, comentarios, todo lo que asome en el curso de este viaje que ya tiene 40 páginas y que me divierte mucho. ¿Me das permiso para incluir los poemas que te dediqué, o preferís que no? Lo que se escribe y se envía privadamente no debe ser publicado con la frescura con que suele hacerlo mucha gente, y por eso te lo pregunto. Esos poemas no son nada, pero esa nada soy yo y los quiero mucho».*

Mi respuesta fue inmediata. «*Querido Julio: Esos poemas que me dedicaste son los mejores que has escrito en tu vida, y por supuesto, son tuyos, no míos, aunque hayas tenido la delicadeza y la generosidad de enviármelos. Y como son tuyos, puedes publicarlos sin pedirme permiso.*»

Se refería, naturalmente, a los *Cinco poemas para Cris, Otros cinco poemas para Cris* y *Cinco últimos poemas para Cris,* incluidos en el libro *Salvo el crepúsculo,* publicado póstumamente, en 1984. Creo que su muerte ocultó durante muchos años la importancia de este libro. Por lo demás, al mezclar prosa y poesía desconcertó a la crítica literaria; es sabido que los críticos de narrativa no leen poesía y los críticos de poesía no leen narrativa. Los editores igual. Hay editores que confiesan no «entender» de poesía, como si fuera álgebra o trigonometría. Ocurre que la narrativa está al alcance de cualquiera que sepa leer y escribir, en cambio, la poesía, que es la mayor cantidad de significado en la menor cantidad de palabras, es una operación mental que exige un poco más de concentración y un nivel neuronal superior. Nadie lee poesía para entretenerse o pasar el tiempo. Y a los críticos les gusta encasillar a un autor. Para ellos, Cortázar es narrador, no tienen ganas de revisar la clasificación. (Hay excepciones. El seis de mayo del año dos mil catorce, en un homenaje organizado por la Universidad Central de Barcelona por la catedrática Mercedes Serna, y que inauguré, hicimos un análisis de los poemas de Julio Cortázar reconociendo su valor.)

Son quince poemas de amor que comienzan con una cita de *Autobiography,* de W. B. Yeats, poeta que Julio y yo admirábamos mucho. La cita dice: *«and I am melancholy because I have not made more and better verses»,* confesión que Cortázar hubiera suscrito plenamente. El tiempo ha demostrado que estos poemas son excelentes y, sin duda, los mejores que escribió. Nacieron de la melancolía del deseo sexual insatisfecho y sublimaron la frustración convirtiéndola en belleza. Julio evoca nuestro encuentro «ya mucho más allá del mezzo camin di nostra vita» —cita de los primeros versos de la *Divina Comedia,* de Dante— y transforma el lamento por la falta de «espumas ni sábanas ni muslos» en un territorio de amor, «un laberinto más mental que mítico / donde es posible ser lentamente dichoso / sin el hilo de Ariadna delirante / sin espumas ni sábanas ni muslos». En efecto: cuando nos conocimos, él ya había vivido más de la mitad de su vida, y yo tenía treinta años menos. Nunca he creído que la diferencia de edad tenga que ver realmente con la cronología. Cortázar murió joven, sin llegar a ser viejo, porque él era eternamente joven, como lo soy yo. Ahora que tengo su edad, tampoco soy vieja, ni lo seré aunque viva más años que él: la curiosidad y el deseo son siempre jóvenes.

A pesar de la frustración del deseo sexual insatisfecho, en estos poemas no hay dolor, sino melancolía, que es la fuente de la poesía, como bien escribió Margaret Atwood («la poesía nace de la parte melancólica de nuestro cerebro»). Y algunos versos demuestran la lucidez de Julio en cuanto a su deseo: «Creo que no te quiero, / que solamente quiero la imposibilidad / tan obvia de quererte / como la mano izquierda / enamorada de ese guante / que vive en la derecha». «Los mejores poemas nacen de los deseos —amores— insatisfechos», te escribí yo, en una de mis cartas de respuesta.

Aunque en los quince poemas había algunos datos que permitían descubrir quién era la Cris de los poemas, hice como el avestruz: oculté la información. La relación entre Julio y yo fue tan íntima, tan hermosa, que no tenía la menor intención de dar explicaciones ni de contestar preguntas, aunque en el círculo de sus amistades y de las mías —que no coincidían— no se trataba de un secreto. Ni para Ugné Karvelis que me odió de manera tenaz e inmisericorde.

En el año dos mil, una querida amiga escritora, Nuria Amat, me propuso que escribiera un libro sobre Julio Cortázar para una colección que ella dirigía. No quería una biografía —que yo no pensaba escribir de ninguna manera— sino que escribiera una especie de crónica de nuestra relación. Al principio me negué. No quería evocar algo que ya había perdido y me seguía doliendo. Pero por otro lado, soy consciente de que la escritura es una forma de recuperación, de salvación frente a la muerte y a la desaparición. «Escribo contra la fugacidad, contra lo efímero, contra lo pasajero», declaré yo a los veintiséis años, como prólogo a mi libro *Indicios pánicos*. Sigo sintiendo lo mismo. Amo tanto la vida —su cruel belleza— que sufro cada vez que no puedo atrapar la luz de un crepúsculo en Punta del Este o en el Puerto de Santa María, cada vez que se me escapa una mirada de complicidad que alguien me dirige, cada vez que llego al éxtasis haciendo el amor. Escribir es preservar, conservar. De modo que a pesar de temer el dolor que me podía causar la evocación de la relación con Julio, finalmente asentí y escribí mi testimonio, aun sabiendo que olvidaba muchas cosas pero que si no las escribía, las olvidaría más rápidamente. Escribí, pues, la primera parte de este libro, que se publica ahora con el título: «Julio Cortázar, el gran cronopio». Especialmente estaba indignada por todo lo que Julio había padecido antes de morir de una enfermedad entonces no diagnosticada —sida— y transmitida por una transfusión letal. Pensaba que sin ese retrovirus inoculado sin saberlo, le habían robado los años que todavía le quedaban de vida. No quería aceptar que la muerte siempre se las ingenia para sorprendernos, para engañarnos, para burlarnos.

En cuanto a los inicios de su enfermedad, poseo una carta de Julio Cortázar, del diez de octubre de mil novecientos ochenta y uno, en la que me cuenta, con detalle, qué le ocurrió. *«Me pedís que te hable de mis males, y obedezco a contrapelo pero obedezco»*, dice. A continuación, narra minuciosamente una gravísima hemorragia «traidora y solapada», la califica. Y agrega, más adelante: *«Como no se descubría la causa de la hemorragia, que seguía alegremente, al tercer día me abrieron el estómago buscando una úlcera que por suerte no encontraron; después de eso dedujeron que se trataba del abuso de aspirinas (...) Como no hay mal que por bien no venga, se descubrió que en vez de trece mil glóbulos blancos como hay que tener de máximo, yo tenía 130.000, mirá si no es una exageración. Miedo de leucemia, claro, pero no tardaron en desecharla por completo, aunque siguen investigando la causa de esta multiplicación y te ahorro el relato de agujas por todos lados, sondas en la nariz, fibroscopias y broncoscopias con aparatos dignos de una película de terror»*.

Han transcurrido ya muchos años de su muerte: lo sé porque a veces me piden que escriba algún texto para conmemorarlo, y lo hago como otra oportunidad de hablar de él y de su obra. Pero el tiempo cronológico es un recurso tonto y nada tiene que ver con la realidad interior, subjetiva. Julio está mucho más vivo para mí que la mayoría de las personas que conozco. Y al final comprendí una de sus frases más enigmáticas, cuando me decía: «Soy inmortal». Hace pocos días, un científico norteamericano puso en duda nuestro concepto convencional de muerte. En efecto, la convención médica certifica la muerte de alguien cuando deja de respirar. Pero el científico afirma que si la realidad es múltiple y el tiempo no es unívoco, sino simultáneo, y, además, percibimos solo una pequeña parte del todo (como los animales que ven únicamente en blanco y negro) posiblemente lo que llamamos muerte es otro estadio, diferente al de los vivos, cuyo significado no alcanzamos a comprender todavía. Allí estás, Julio, en ese estadio inconcebible para mis pobres sentidos humanos, pero estás. De otra manera. Y me gusta tanto esta otra manera como la anterior.

Los que siguen son algunos de los textos que publiqué después de su muerte física.

IX. CARTA DE CRIS A JULIO CORTÁZAR

Barcelona, lunes, 17 octubre 1983

Mi querido piernaslargas:

Me pongo a escribirte «al filo de la medianoche», como decían las novelas del siglo pasado y un locutor uruguayo; después sonaban tres acordes más bien escalofriantes y yo apagaba precipitadamente la radio, porque era la hora del programa de terror que en cuanto a mí, surtía un total efecto. El recuerdo no es inocente. Hace apenas diez minutos que entré a la casa, sola y oscura, en una de las primeras noches invernales de este año y todavía siento un vago terror que me hace encender todas las luces (no reviso debajo de la cama sencillamente porque la susodicha está contra el suelo y no queda hueco disponible) y desear que mis vecinos se peleen. Pero no hay caso: deben de estar dormidos. En los últimos tiempos padezco unos ataques de pavor dignos de mi querida madre, que toda la vida le ha tenido miedo: a la electricidad, a las tormentas, a la gasolina, a los fósforos, a los borrachos, a los ladrones, a los caballos, a la lluvia y al viento. ¡Ah! Me olvidaba: fundamentalmente, le tiene miedo a las ventanas. Yo todavía no llegué a eso, y confío en que dentro de unos días el mago de la túnica blanca me diga: «¡Ajaja! Era la hipófisis. Su secreción exagerada de gonadotrofinas es la causa de sus temores, fobias, manías, la caída del pelo, la inestabilidad emocional, sus versos y el terror nocturno». Aunque yo le digo que es la tiroides, si me conoceré, y él dice que es la hipófisis. De todos modos, hormona más o menos, esta noche siempre me va a parecer demasiado oscura, solitaria y silenciosa. Esta ciudad es bipolar: o bulle de día estrepitosamente, con el ruido de los motores, las fábricas, los laboratorios, las tragaperras, los autos, las motos y los televisores, o se hunde en un silencio que me asusta.

Después de hacer todos los deberes del día, me fui al cine, a la hora del lobo, y elegí algo que podía ser estimulante: *El sentido de la vida,* de los cronopios Monty Python (te la recomiendo, de paso). El cine estaba lleno de progres y de hippies epigonales, con lo cual, de entrada, me sentí extranjera. Vaya por Dios, nadie con quien identificarse. Anoche, además, luego de ver en la televisión *El desierto rojo* (pensé que no iba a resistir el paso del tiempo, pero hete aquí que me equivoqué: me gustó más que las dos primeras veces que la vi, años atrás, en

Montevideo, o sea, en la prehistoria) tuve una pesadilla casi obscena, porque no era simbólica, sino lineal: estaba internada en una clínica donde me iban a operar de algo, y el médico le decía a mi abuela, que andaba por ayyy (como decimos en el Río de la Plata): «Carece de capacidad de identificarse». El diagnóstico debía de ser de Antonioni, no del médico, seguro.

Cuando salí del cine, las calles estaban desoladas y frías. Primera noche invernal: todo el mundo en sus casas, al abrigo de las mantas. Me fui a la parada del autobús, frente a una vidriera de Objetos de Arte de Porcelana como para deprimir a cualquiera. Miré momificados corales llenos de retratos ovales —como árboles de la vida con medallones—, perros de cerámica con cadenitas doradas, decimonónicos niñitos ingleses cogiendo moras. Madre mía. Y yo sin tener con quién identificarme. Pasó una señora con el pelo lleno de rulos y fijador, no me podía identificar; después un cojo con camisa celeste rotosa y dos muchachas mascando chicle, y yo no me podía identificar.

Después de esperar treinta y cinco minutos el autobús nocturno, miré el cartel y vi que la indicación horaria faltaba. O fue arrancada, o el autobús dejó de pasar por allí. Doce años en Barcelona no me permiten, como bien sabés, sentirme dueña de la ciudad ni de sus calles:

sigo sintiéndome un poco extranjera. Pensé, dubitativamente, que quizás yo no estaba en la calle donde creía estar, el autobús era otro o unos gamberros arrancaron el cartel. Antes de ponerme a estornudar (hay que tener en cuenta que hoy andaba con el brazo derecho medio paralizado gracias a la vacuna antigripal, que si uno se resfría no causa efecto: misterios de la medicina) decidí permitirme el lujo de tomar un taxi, cosa que detesto, porque es caro, los taximetristas insisten en preguntarme la nacionalidad y me discuten cuando digo que soy uruguaya, si soy uruguaya no puedo hablar castellano, y, además, las mujeres con sobrada razón, desconfiamos de los taximetristas que, en lugar de depositarnos en casa, nos sugieren ir a la discoteca más próxima o a la casa de citas ídem. Este escuchaba boleros mexicanos y tenía un increíble desorden adentro del auto: las virgencitas luminosas se mezclaban con fotografías de jugadores del Barcelona, retrato de nenes, flores de plástico y un perro con la cabeza que se movía ora izquierda, ora derecha, según los barquinazos del auto. A poco de andar, escuché un golpe seco y me incliné, por si se me había caído algo. Él también volvió la cabeza hacia mí. Pero no: yo no había dejado caer nada. «Aquí no fue», le dije. Entonces volvió hacia su asiento, sin soltar el volante, y cogió del suelo una masa de cables rojos, blancos y verdes que colocó en alguna parte del tablero. «Son los cables», me dijo. Después tardó como media hora en traerme a casa, porque a cada rato se le caían los cables. Algunos estaban pegados con cinta adhesiva y otros sostenidos con hilos. Y yo, sin tener con quien identificarme.

Llegué a casa. Llamé al ascensor. Mientras lentamente subía (vos sabés qué despacio anda este: hay tiempo de consumar una violación, fumar un par de cigarrillos o leer las primeras páginas de *Suburbio* de Cheever) noté que se sacudía de una manera extraña, como si le fallara la suspensión. Del tercer piso al octavo, me despedí de la vida, te escribí esta carta mentalmente, lamenté no haber terminado el cuento que empecé ayer y podía ser el mejor de mi vida y transpiré como una energúmena. Con las piernas flojas, bajé en el octavo y decidí colocar un cartel en el ascensor, para el primer laburante que mañana tenga la ingenuidad de subirse a él.

La casa estaba a oscuras. Si hay algo que detesto es entrar a la casa a oscuras. Siempre pienso que la solución es tener un perro, hasta que me doy cuenta de que el perro salta y lame, pero no enciende la luz. Igual que mi mamá, pienso que en la oscuridad hay algún paranoico acechándome, pero claro, la paranoica soy yo. Menos mal que mi amiga Aída (la psicoanalista que vos conociste en París, cuando yo hice mi primer viaje para verte) sostiene que los paranoicos son los únicos que comprenden el misterio de la vida. Ella acababa de leer mi libro

El museo de los esfuerzos inútiles, debió de ser por eso que me lo dijo, para consolarme.

Dejé la puerta abierta, hasta encender todas las luces y comprobar que el paranoico esta noche no había venido. Después, tuve que cerrarla, aprensivamente, te diré, porque cuando ya estoy adentro de la casa sola, nunca sé qué me causa más miedo: si tener la puerta abierta o cerrada.

Cuando estaba a punto de tratar de comprender el raro silencio de la casa, zas, sonó el despertador japonés de Lil. Es una aparatito pequeño como un encendedor, «extraplano», le dicen, con una pantalla para ver el día, la hora, el mes, la temperatura, y con un sistema despertador genial: emite tres sonidos punzantes, luego espera un rato, lo vuelve a hacer, y así sucesivamente, para los dormilones. Pere hete aquí que por una misteriosa razón que tiene que ver con una cantidad limitada pero desconocida de tuerquitas y llavecitas, emite el sonido en cualquier momento del día y de la noche, sin que nada lo pueda detener. Lil y yo hemos apretado y manipulado todo lo posible sin éxito: está ahí, extraplano, aparentemente inofensivo, pero cada tres o cuatro horas (del día o de la noche) emite su señal, como la sirena de un barco fantasma. Oculté al loco bajo la almohada, en el salón, lo escondí entre libros, en la biblioteca, debajo de un mueble, detrás del ropero, pero todo es inútil: cumple su deber, pero con un código que solo él entiende. Creo que lo único que puedo hacer es tirarlo por la ventana, pero seguro que, en la vereda, igual intenta despertar a los transeúntes.

Ahora pasa el camión de la basura. Menos mal: un ruido humano.

Yo quería escribirte una carta para decirte cuánto me alegro de que Aurora esté contigo y te cuide. ¿Vale? En medio, me salió esta carta aterrorizada, pero con vos yo no tengo que jugar de fuerte. Puedo decirte que a pesar de los años finales de Montevideo, con todo el terror objetivo, las historias de Tupas y los seguimientos, la gente que desapareció para siempre, yo nunca había tenido miedo. En cambio, lo que tengo ahora quizás es un terror antiguo que antes oculté entre algodones. Nadie con quien identificarme, he ahí la clave. Sé que de estas especies de catástrofes que son nuestros países, solo han sobrevivido, como siempre, los más fuertes. Pero a veces, por un pequeño error, sobrevive algún débil. Además, estoy harta del culto a cualquier clase de fortaleza que he visto siempre a mi alrededor: los héroes, los emigrantes, los maduros y equilibrados.

A la final, como decía aquel, debe ser cosa de la hipófisis, como diría mi tía (sé, con la cabeza, que Montevideo hace doce años no es la misma, sin embargo, lo sé con el corazón desde que he tenido que aceptar, con el tango, «que su casa ya no está»). Ahora me doy cuenta que he usado el femenino para Montevideo. Tendríamos que hacer una lista con el sexo de las ciudades. Nadie estaría de acuerdo, y eso sería lo más estimulante. Además están las bisexuales, como Barcelona.

Te quiero. Cuidate,

Cris

X. CARTA ÍNTIMA A JULIO EN EL MÁS ALLÁ, ACERCA DEL ESTADO DE LAS COSAS EN EL MÁS ACÁ

El club internacional de los cronopios (todavía conservo aquel cronopio verde como un sapo prodigioso que confeccionaron en la sucursal chilena, y vos nos regalaste a tus cronopios favoritos) continúa funcionando, querido Julio, a pesar de la recesión económica, a pesar de que «no son buenos tiempos para la lírica», a pesar de la posmodernidad y otras fatuidades que nos producen una sonrisa escéptica. Es posible que los cronopios estemos algo melancólicos, pero eso está previsto en la genética cronópica, es el paso previo a la poesía, esa que tú amas. Ahora hay cronopios hasta en USA, y, a veces, en la cama del Presidente. Se editan cada vez menos libros de versos, es verdad, porque a la gente le parece más sólido gastarse el dinero en páginas sin blancos, llenas de letras, de lo contrario sospechan que los han estafado, pero eso ocurrió siempre. (A Baudelaire lo corrieron de París, de tu París, los acreedores, pero a Dostoievski, que no escribía versos, los acreedores lo echaron de Moscú.)

Nuestra colección de caleidoscopios va en aumento, los últimos modelos me los vendió un niño-paria de Brasil: los hacía con vidrios de botella y cartón de las cajas de champagne que recogía en los basureros de São Paulo. Como ves, era un cronopio entre chatarra, contaminación y muerte, un cronopio negro, de ojos brillantes, con esa sonrisa que es el signo de los inmortales.

Somos los últimos románticos, te dije un día, y vos, que te creías surrealista, asentiste con picardía. En una época que todo lo consume (asesinatos, violaciones, terremotos, diásporas, campeonatos, celuloide, mucho celuloide) resistimos como Noé en su barca. Cuando escribí aquel verso («En toda generación hubo un diluvio») me dijiste que los cronopios siempre sobrevivían, aferrados a un mástil en forma de poema, aferrados al ambivalente goce de escribir, amar y, especialmente, sonreír. «Tenemos un ángel de la guarda», dijiste, y yo te contesté: «De la guardia».

Por todos lados te hacen homenajes, y sé que te gustan, porque no querías pesada retórica libresca, sino esta manera de estar entre los pares, de estar entre cronopios que es una forma de la fraternidad y del amor, de ese amor que no tiene sexo (aunque tenga sexos) y de la utopía.

Los cronopios no dejaremos nunca que te conviertan en un clásico, en letra muerta. Declararemos, como el protagonista de *La bohème:* «Soy poeta. Vivo como escribo». A vos, que te gustaba tanto la ópera.

A propósito: ya te he perdonado que amaras el boxeo casi tanto como a Birgit Nilsson cantando *La Walkiria* (Barcelona, noviembre de 1977, Palau de la Música Catalana).

XI. JULIO CORTÁZAR, VEINTE AÑOS DESPUÉS

No miro nunca televisión, por eso, hace unos meses, cuando entré a mi casa en Barcelona y escuché la voz de Julio Cortázar creí que había sufrido un trastorno mental transitorio. En lugar de una alucinación, tenía una fantasía acústica, pero tan real, que el bolso que llevaba en la mano se me cayó. Quedé paralizada, respuesta animal ante numerosos peligros. Yo, en eso, soy muy animal. Cuando tengo miedo, primero me detengo a observar la situación, a medir el alcance y la magnitud del peligro. Julio había muerto hacía más de veinte años, y las cintas grabadas, inéditas, que conservo con su voz, están guardadas, no se las he hecho escuchar a nadie. Acerca de estas dos cosas, no tenía ninguna duda. ¿Cómo podía ser que estuviera hablando, en el interior de mi casa, con sus inconfundibles «erres» arrastradas, que muchos atribuían a la influencia del francés, pero él, orgullosamente, declaraba que le pertenecían desde la infancia, a raíz de un frenillo? Vivo sola, por lo cual, no había ninguna posibilidad de que un hijo adolescente estuviera enchufado al televisor o algún aparato electrónico y, a diferencia de Cortázar, no creo en los fantasmas, y si hubieran entrado ladrones, no habrían podido llevarse nada de valor, salvo el televisor, por lo cual, esa posibilidad también estaba descartada. De modo que me armé de valor y enfrenté el peligro. Recorrí los pocos metros que separaban el pasillo del dormitorio (mi apartamento es tan pequeño como el que tenía Julio en rue de L'Eperon, pero tiene ascensor, para alivio de mi columna vertebral) de donde provenía el sonido y, cuando llegué, su voz ya no se oía, pero comprobé que el maldito aparato estaba encendido. Enseguida recordé que era miércoles, el día en que la empleada hace la limpieza, y, cuando está sola, siempre enciende el televisor, porque dice que la acompaña. Es lo mismo que decía mi abuela, pero de la radio. Mi abuela decía que la radio le hacía compañía. Sin lugar a dudas, la empleada se había marchado de mi casa y había olvidado apagar el televisor. Pero la pregunta que me hice enseguida fue muy inquietante: ¿qué hacía la televisión española imitando la voz de Julio Cortázar y para qué? Porque lo que yo había oído era la voz de Julio Cortázar o la de alguien que lo imitaba perfectamente. Tengo buen oído: fui tísica, en la infancia, y además, estudié música, cosa que están íntimamente relacionadas. Conociendo la escasa o nula simpatía que experimentaba Julio por la televisión, no llegaba a comprender qué podía haber ocurrido para que alguien lo imitara o, mucho peor, que alguien usara su voz con innobles propósitos publicitarios (los fines publicitarios siempre me han parecido innobles, lucrativos, aunque la estética publicitaria sea un arte del que puedo disfrutar). Fuera lo que fuera, estaba dispuesta a investigar, de modo que ese día, excepcionalmente, y sin que constituyese precedente, decidí mirar la televisión. Tenía la esperanza de que el canal diera alguna explicación o, si se trataba de un anuncio, volvieran a pasarlo. Veinte minutos después, completamente agobiada por la publicidad, no resistí más y apagué el aparato. Decidí hacer algo más práctico: llamé por teléfono a un amigo mío, adicto a algunos programas de televisión, y le pregunté si por casualidad no había visto en el canal 2 un anuncio o algo así con la voz de Julio Cortázar. Me dijo que no, pero que estaba dispuesto a colaborar conmigo en la búsqueda, aunque le parecía muy extraño que usaran la voz de Cortázar para un anuncio. «Todo es posible en la pantalla boba», le contesté.

Al otro día mi amigo (argentino, y como todo argentino, escritor, aunque inédito) me llamó y me invitó a que mirara el canal 2 un poco antes del noticiero. Estaba seguro de que podía volver a escuchar a Julio Cortázar, en un anuncio publicitario de un nuevo modelo de auto, de la Seat. «¿Estás seguro de que es Julio, y no un imitador?», le pregunté, alarmada. «Eso lo podrás decir vos mejor que nadie —me respondió— pero yo estoy casi seguro de que se trata de él.»

En efecto: unos minutos antes del noticiero de las 15 horas, pude volver a escuchar la voz inconfundible de Julio Cortázar, diciendo: «Piensa en esto: cuando te regalan un reloj te regalan un pequeño infierno florido, una cadena de rosas, un calabozo de aire. No te dan solamente el reloj, que los cumplas muy felices y esperamos que te dure porque es de buena marca, suizo con áncora de rubíes; no te regalan solamente ese menudo picapedrero que te atarás a la muñeca y pasearás contigo. Te regalan —no lo saben, lo terrible es que no lo saben—, te regalan un nuevo pedazo frágil y precario de ti mismo, algo que es tuyo pero no es tu cuerpo, que hay que atar a tu cuerpo con su correa como un bracito desesperado colgándose de tu muñeca. (...) No te regalan un reloj, tú eres el regalado, a ti te ofrecen para el cumpleaños del reloj».

Era el relato «Preámbulo a las instrucciones para dar cuerda a un reloj», del libro *Historias de cronopios y de famas,* en una grabación del año 1967 (comprobé después) que la Seat estaba empleando para promocionar su nuevo modelo de auto, León.

Tuve pensamientos y sensaciones contradictorios. El primero fue de rebelión: ¡Pero cómo se atreven a usar a Julio en la televisión, cuando a él no le gustaba nada ni verla, ni aparecer en ella! Después, pensé: «Sus albaceas tienen que haber dado permiso para usar este fragmento, y, además, le habrán cobrado una buena pasta a la Seat para hacerlo». Yo no tenía derecho a protestar, porque cuando un escritor o una escritora nombra a alguien su albacea, y este o esta decide vender cualquier cosa que le ha pertenecido —hasta su voz—, no hay caso, no se puede rechistar. Lo último que pensé fue: «Si la Seat usa un relato de Julio para promocionar un auto, es que la literatura está siendo bien considerada por la economía de mercado, incluso la literatura que no es comercial». Esa era una buena noticia para los escritores.

Desde hace un tiempo, tengo la sensación de que la publicidad televisiva está siendo más audaz que los editores, y que, en ella, trabajan personas que no son completamente idiotas. Porque si analizamos el anuncio con objetividad, el análisis es el siguiente: la primera empresa automovilística española, la Seat, promociona su nuevo producto, el León, con un texto y la voz de un escritor argentino, muerto hace más de veinte años. ¿En cuántos bares, en cuántas cafeterías, en cuántos hogares habrán reconocido la voz inconfundible de Julio Cortázar? O bien los creadores del anuncio eran unos incorregibles adictos a la literatura y a Julio, o el nivel cultural de la gente que mira televisión en España había subido milagrosamente, sin que yo me enterara. Cabía otra posibilidad, más rara todavía: que los publicitarios de la Seat pensaran que el modelo León estaba dirigido a unos consumidores muy especiales, a los que van por las autopistas a 120 km por hora escuchando a Julio Cortázar, en lugar de *heavy metal* o *pop-rock*.

No sé si se vendieron muchos Seat León, pero sí sé que pude oír el anuncio solo un par de veces más, porque desapareció rápidamente de las pantallas, lo cual debe querer decir que no fue precisamente un éxito. En cuanto a la publicidad en España, es cierto que algunas veces emplearon a escritores para promocionar productos autóctonos, como el queso o algún vino, pero las pocas veces que ocurrió, el escritor aparecía en persona y se dirigía directamente al espectador; en cuanto al texto, nunca era una pieza literaria.

Si más de veinte años después de su muerte la televisión emitía la voz de Julio Cortázar leyendo uno de sus textos como reclamo publicitario de una marca de coches, constituía la prueba irrefutable de su vigencia como escritor, de que ha superado la prueba —nada fiable ni objetiva, por lo demás— del paso del tiempo.

XII. VEINTE AÑOS SIN JULIO

En febrero de 2004 se han cumplido los primeros veinte años de la muerte de Julio Cortázar. No le gustaban nada los homenajes, los *atos solenes,* como escribió burlonamente, como no le gustaban las Academias de la Lengua, ni los cursos universitarios, ni las clases magistrales; detestaba cualquier cosa que le pareciera retórica, formalista o poco espontánea. Su espíritu rebelde a los convencionalismos, a la esclerosis burocrática u oficial se manifestó fundamentalmente en el lenguaje: incorporó el habla de la calle, el lenguaje coloquial y destruyó muchísimas veces la gramática y especialmente la ortografía, en un afán por obtener mayor libertad. ¿Recuerdan cuando sustituía la letra c y la letra q por la k? No fue el primero en rebelarse, ni en introducir el lenguaje coloquial en las novelas o relatos; mucho antes lo habían hecho, en la literatura argentina, Roberto Arlt o Leopoldo Marechal, su indiscutible progenitor, pero fue quien llevó ese experimentalismo de manera más extremada, consecuente y lúdica. (Cuando se publicó la novela Adán Buenosayres, de Leopoldo Marechal, un joven llamado Julio Cortázar le dedicó una elogiosa crítica en la revista *Sur,* dirigida entonces por Jorge Luis Borges.) Este último aspecto me parece muy importante. La pregunta ¿qué es la literatura? ha recibido, a lo largo de la historia, numerosas respuestas, no excluyentes entre sí. Porque nada es una sola cosa, sino un conjunto de elementos. Se ha dicho que la literatura es expresión, y no cabe duda de ello; se ha dicho que es comunicación, y es inobjetable; se ha dicho que es experiencia (tesis de Spengler) y tampoco podemos ignorarlo. Jean Paul Sartre respondió que era compromiso y el historiador holandés Johan Huizinga aportó una tesis fundamental: la literatura es, también, juego. Y no se refería solo a los juegos de palabras, esos que deslumbran en el teatro de Shakespeare, en las novelas de Nabokov o en las greguerías de Gómez de la Serna, sino a la concepción de la obra como un experimento lúdico. Lo cual no le quita la trascendencia: Julio Cortázar no fue el primero en decir que pocas actividades había en la vida tan serias como jugar. No olvidemos que en la infancia se aprende jugando, y quizás no hay mejor método: el tedio de los colegios o de las universidades se debe a que ya no se enseña ni se aprende jugando. Durante casi quince años, tuve la dicha de ser amiga íntima de Julio Cortázar y compartimos muchas cosas como si fueran juegos: el descubrimiento de ciertas calles de París o de Barcelona, la afición por los caleidoscopios (a veces me llegaban, milagrosamente intactos, algunos modelos desde Japón o Canadá, enviados por él) y los dinosaurios. Esto fue mucho antes de que Spielberg los despojara de todo su misterio con películas para niños y adolescentes. Uno de los pocos beneficios que obtuvo Cortázar al morirse en 1984 fue que no llegó a presenciar, él que amaba tanto el cine, la destrucción de uno de sus mitos privados más entrañables: aquellos desconocidos dinosaurios que poblaban mis sueños y de los cuales poco o nada se sabía, más que su súbita desaparición. («Cualquier desaparición es súbita para quien ama», frase que no dijo pero que yo le atribuyo sin la menor vacilación. Sé que aplaudiría la falsa paternidad. Después, agregaría: «súbita y súbdita, además de subida».) A propósito de la palabra lúdico tuvimos una pequeña revelación. Resulta que él y yo siempre la escribimos así, hasta el día desventurado en que yo, leyendo un ensayo editado en México, me encontré con la palabra lúdrico. Me detuve un instante, alarmada. Era una editorial muy seria (Siglo XXI) que tenía la rara cualidad de no imprimir jamás con erratas, cosa que yo había comprobado devorando sus libros, que solían ser de gran calidad, en ensayo o en ficción. Primero, la rechacé: tantos años acostumbrada a leer y escribir *lúdico, lúdrico* debía ser una infame errata. Por lo demás, mi ignorancia me hacía pensar que *lúdico* solo podía provenir del latín *lu-*

dens, de donde —sospechaba— el holandés Huizinga había sacado el título de su libro más famoso: *Homo ludens.* Por si las moscas, me fui al diccionario, que es uno de mis libros favoritos, además de uno de los pocos que releo. Y cuál no sería mi sorpresa, como dicen los lectores que escriben cartas a los directores de periódicos (esto lo observé primero yo, antes que vos, Julio), cuando descubro que la palabra correcta era *lúdrico* y no *lúdico.* Fue en 1980, más o menos, y no había correo electrónico, de modo que *ipso facto* (*piso faso,* al decir de Cortázar, algo así como pisar una colilla) le escribí una cartita, donde le decía: «Querido mío, *rien de rien,* dicho de otro modo: No somos nada, hermano. No se dice *lúdico,* sino *lúdrico,* que además de ser palabra horrenda, se parece a *lúbrico,* aunque, bien mirado, me parece que cualquier *lúbrico* es, ante todo, un *lúdrico,* mal que le pese o le pise, que para lubricaciones ya tenemos la vaselina que algunos confunden con gomina, porque ambas abrillantan que es un lujo». No busquen este fragmento de la carta en ninguna recopilación de correspondencia de o a Julio Cortázar. La mayor parte de las cartas que me escribió (nunca dejaré de maldecirlo) se perdieron en alguna de las mudanzas que las exiliadas solemos padecer, o me las robaron, que siempre hay, en mi casa, alguna estudiante de Illinois o de Chicago, de Frankfort o de Puerto Rico haciendo una tesis sobre mis libros, y confieso que no soy muy ordenada, mis papeles siempre andan revueltos, como los objetos, los pomos de pintura y las fotografías en el taller de Francis Bacon. (Nunca sabrás, hermano, el favor que me has hecho con aquella impresionante fotografía que te dejaste hacer en tu taller que los pijos llamaban basural, en medio de latas de sardinas, carteles troceados, manchas de pinturas, fotografías rotas, cigarrillos, cubos, trapos y otros desperdicios. Cada vez que alguien me reprocha mi desorden, apelo a la autoridad de Francis Bacon.) En cuanto a las que yo te envié (muchas), tampoco han aparecido, pero es posible que los herederos un día las encuentren. El tiempo lo dirá.

De modo que se decía *lúdrico,* pero, como tantas veces, nadie le hizo caso a la Academia (te juro, Julio, que desde que estás en ese otro lugar del que tenías una vaga premonición pero no era ni el cielo ni el infierno la Academia ha mejorado mucho, te lo prometo, ahora hasta vos o yo podríamos entrar. Mejor vos, porque ha mejorado, pero sigue sin abrir las puertas a las mujeres, cosa de machos, ya se sabe), con lo cual mi descubrimiento quedó olvidado.

Han pasado veinte años, a vos te siguen sin gustar los homenajes, pero tenés que saber que todos tus lectores seguimos queriendo tanto a Julio.

XIII. DIARIO PARA UN CUENTO

En el último libro que Julio Cortázar publicó en vida, *Deshoras,* hay un relato titulado «Diario para un cuento», que es el relato más experimental y vanguardista de los que escribió. Literatura sobre la literatura, escribir sobre la imposibilidad de escribir, un malestar y una seducción al mismo tiempo que otros escritores también han expresado. A Julio le gustaban mucho las cajas chinas y las muñecas rusas: la serie idéntica de objetos unos dentro de otros en progresión fascinante. Algo similar había experimentado yo en mi infancia con el pulidor Bao, un polvo para limpiar cuya etiqueta era una ronda de personajes (criados, criadas, amas de casa, mayordomos) alrededor de un bote de pulidor Bao, con una etiqueta donde había una ronda de personajes (criados, criadas, amas de casa, mayordomos) girando alrededor de un bote de pulidor Bao con una etiqueta donde había una ronda... «¿Te desmayaste?», me preguntó una vez Julio, cuando se lo conté. «No —le dije—, pero me mareé: creo que fue una de mis primeras percepciones del infinito, inabarcable. Aprendí la limitación de la imaginación y de la mente humana», le respondí.

Es un relato lleno de guiños, algo que le gustaba tanto a Cortázar: buscar la complicidad del lector. No un escritor omnisciente, sino uno que necesita la intervención de quien lo lee. «A veces, cuando me va ganando como una cosquilla de cuento», comienza. Ese cosquilleo que sentimos los escritores cuando algo nos ronda, flota, perturbándonos los otros quehaceres o el *nohacernada* del que estábamos disfrutando. Una cosquilla de cuento o de poema o de novela o de texto y comenzamos a rumiar: ¿me voy al cine o abro un libro o escucho un disco o dejo de dar vueltas y me enfrento a esta sospecha de texto? En ese momento en que aparentemente está indeciso entre comenzar o no el cuento, confiesa que le gustaría ser Bioy Casares.

Y asistimos a la primera digresión: su admiración por el escritor argentino y las únicas tres veces que se vieron, con simpatía y timidez muy masculinas. En la última, en casa de Bioy, recuerda que hablaron sobre vampiros, tema que apasionaba a Julio que fracasaba siempre conmigo: nunca he demostrado el menor interés por los vampiros ni por la literatura llamada fantástica o sobrenatural. En cambio, me gusta mucho la ciencia ficción que considero literatura de anticipación («La literatura es un reloj que a veces adelanta», le dijo Kafka a su amigo Janouch).

De modo que Cortázar finge («Todo poeta es un fingidor», Fernando Pessoa) que le gustaría ser Bioy Casares para poder escribir sobre Anabel, la protagonista del cuento que está a punto de escribir. «Yo soy el otro», dijo Rimbaud y parafraseó Jorge L. Borges. ¿Por qué Cortázar dice que Bioy «hubiera hablado de Anabel como yo seré incapaz de hacerlo, mostrándola desde cerca y hondo y a la vez guardando esa distancia, ese desasimiento que decido poner (no puedo pensar que no sea una decisión) entre algunos de sus personajes y el narrador».

Es un relato con trampas: primero, confiesa que tiene un cosquilleo que lo incita a escribir, aunque no tiene ganas. Después, dice que sobre Anabel escribiría mejor Bioy Casares, porque sabe poner distancia entre quien escribe y lo narrado, cosa que él no sabe o no puede hacer. Entretanto, nos ha picado la curiosidad sobre quién es Anabel, alguien «que me va a invadir de entrada como cuando la conocí en Buenos Aires al final de los años cuarenta». De este modo, va creando una atmósfera de misterio, dejando caer unos pocos datos que pican la curiosidad del lector. Estrategia literaria: la seudoconfesión de no poder escribir sobre algo como manera de escribir sobre ese algo. Reconocimiento de que hay otro escritor que lo haría mejor, pero de todos modos, el otro no conoció a Anabel, de modo que solo él puede escribir este cuento.

El relato está efectivamente narrado como diario, con fechas.

XIV. VIGENCIA DE JULIO CORTÁZAR

Hace poco tiempo, un entrevistador de un suplemento literario me preguntó acerca de la vigencia de *Rayuela* y de la obra literaria de Julio Cortázar. No solo su obra sigue reeditándose en España y en América Latina, sino que se realizan exposiciones, homenajes, se escribe sobre él con asiduidad. En parte, gracias a la dedicación de sus albaceas literarios, su primera esposa, Aurora Bernárdez, entregada en cuerpo y alma a la difusión de la obra de Julio, y Saúl Yurkievitch, muerto hace poco tiempo, pero también, porque la juventud eterna de Julio Cortázar se prolonga más allá de su desaparición física. Lo mismo ocurre con Jorge Luis Borges, pero con una notable diferencia: a Julio se le recuerda no solo con admiración literaria, sino con cariño. A Borges, solo con respeto literario.

Los homenajes que se le hacen a Julio tienen, casi siempre, un carácter lúdico ligado a su personalidad. En 1999, por ejemplo, Pilar Peyrats editó un extraordinario libro-disco, titulado *Jazzuela* (Julio Cortázar y el jazz, edición de la autora) donde reunía la mayoría de los textos que el autor dedicó a la música, en especial al jazz, y que fue un éxito, tuvo dos ediciones, aunque no hubo ni un pie editorial conocido, ni publicidad. En el prólogo, la autora analiza la estrecha relación que el autor de *Rayuela* tuvo con el jazz, que se hizo explícita en el famoso relato «El perseguidor» (homenaje al saxofonista Charlie Parker), y dice que posiblemente el escritor encontró en esa música el espíritu libre, espontáneo e inconformista que caracteriza su propia literatura.

Julio y yo escuchamos muchas veces música juntos: ópera, tango y jazz; encontraba en el tango y en el jazz una similitud: el desprecio que las clases altas habían sentido por una música no culta, nacida, una, en los burdeles rioplatenses, la otra, en la tristeza de los negros de las plantaciones algodoneras de Nueva Orleans. El jazz y el tango tienen algo en común: la nostalgia. Pero la poesía también surge de la nostalgia y quizás cualquier forma creativa es nostálgica, porque somos seres en el tiempo, o sea, condenados al extrañamiento, a la transitoriedad.

En el relato «El perseguidor», Johnny Carter, el *alter ego* de Charlie Parker dice: «Si quieres saber lo que realmente siento, yo creo que la música me metía en el tiempo». Es una frase que a mí me ha resultado siempre muy ambigua, y así se lo dije a Julio, porque creo que, justamente, lo que consigue la música, como cualquier otra forma de arte, es sustraernos del tiempo, o en todo caso, nos introduce en una dimensión inconcebible del tiempo, la eternidad. Pero la frase le ha gustado a muchísimos lectores, quizás porque es de las pocas pretenciosas que ha escrito Julio Cortázar. En todo caso, es cierto que el jazz era una de sus músicas preferidas, junto con la ópera, porque encontraba en él la libertad, la melancolía y la pasión que eran sus mayores aspiraciones. Y hay que reconocer que le gustaba todo el jazz, no solo el blues: yo lo vi bailotear con sus larguísimas piernas algunos pasos de *dixieland*, cosa que yo siempre fui incapaz de hacer (es el tipo de jazz que a mí no me emociona).

El libro de Pilar Peyrats se ha convertido en objeto de culto. Recrea algunos aspectos de la vida de los músicos preferidos de Cortázar: Duke Ellington, John Coltrane, Benny Carter, Lionel Hampton, Jelly Roll Morton, Bessie Smith y Thomas Fats Waller y recopila todas las citas que se encuentran en *Rayuela*, que son muchas. Este gusto por el jazz como por algunos boxeadores de segunda línea forma parte de esa especie de atracción por los perdedores, característica del romanticismo: hombres y mujeres humildes que consumieron sus vidas entre la droga, el alcohol y la prostitución, destinos trágicos: ángeles que antes de caer tuvieron raptos de eternidad, de belleza casi insoportable. (Después de la muerte de Julio fue diagnosticado por los psicólogos el Síndrome de Stendhal, cuya definición hubiera fascinado a Cortázar: «Los trastornos físicos y psíquicos que produce una exposición excesiva a la belleza y a los enigmas que esta plantea». Esa definición yo la usé como epígrafe en mi novela *El amor es una droga,* que, en realidad, debió llamarse *El síndrome de Stendhal.*)

Aunque en *Rayuela* predominan las referencias a músicos varones y trompetistas, Julio sentía gran admiración por Bessie Smith, por Diana Washington, Ella Fitzgerald y Billie Hollyday.

Los caminos de Julio son como laberintos donde, al final, los cronopios siempre se encuentran.

Suelo ir a leer el diario y a desayunar a una hermosa y cálida cafetería del barrio de Les Corts, donde vivo desde hace muchos años. Se llama Helios y es fácil encontrarme allí durante un rato. Me gusta desayunar entre estanterías de libros no abarrotadas, periódicos a disposición de los consumidores y una mezcla agradable de anonimato y de confianza con las camareras.

Una de esas mañanas se me acercó una mujer madura, de aspecto cálido y amable, y me preguntó si yo era Cristina Peri Rossi. Le dije que sí, que yo era yo, salvo los días en que no tengo ganas de ser yo, broma que la hizo sonreír. Entonces me reveló su nombre: se trataba de Pilar Peyrats Lasuén, la autora de *Jazzuela,* esa recopilación de la música de jazz que aparece en la novela de Cortázar. Nos saludamos y conversamos un rato. No se trata de una especialista en música, ni de una crítica literaria. Se trata de una lectora enamorada de *Rayuela* y de la obra de Cortázar que escribió el libro, recopiló los temas jazzísticos citados y lo editó, de su propio bolsillo, como homenaje a su escritor favorito. Le pregunté si era consciente de la importancia de su libro y de la gran cantidad de lectores que tenía y me dijo que solo había pensado en un homenaje y se había sorprendido del éxito del libro. Le contesté que los cronopios son como una cofradía, pero a diferencia de las tradicionales, siempre han aceptado mujeres. Y le cité a Borges: «Todo encuentro por azar es una cita previa».

La última vez que vi a Julio Cortázar, a fines de noviembre de 1983, le pregunté si estaba escribiendo algo y me respondió que tenía un par de cuentos iniciados, pensaba que quizás podría, con el tiempo, terminarlos (ya estaba enfermo y en la etapa de duelo por la muerte de Carol Dunlop). Sin que yo se lo preguntara, me dijo: «He roto muchos papeles inútiles, muchas cosas que no servirán. Hay que usar mucho la papelera. Cuando me muera, no quiero dejar cosas inacabadas o que no me gustaría ver publicadas». Me dijo que conservaba muy pocas cosas de su juventud, entre ellas, una novelita (tal fue su expresión) pero que no tenía intención de publicarla. La única novela que se ha publicado después de su muerte se titula *El examen*.

Pero que el recuerdo de Julio como hombre excepcional y como escritor de ruptura, eternamente joven, persiste en la memoria, se puede comprobar por los artículos que se publican en la prensa y en las revistas. Manuel Vicent, uno de los escritores españoles de mejor estilo y sensibilidad, publicó el 27 de agosto de 2006 una página entera en el diario *El País,* titulada «Con el sonido y la libertad del jazz». Tiene un memorable comienzo. Dice así: «Tenía las piernas demasiado largas para ser ciclista, pero se paseaba por París montado en una bicicleta que había bautizado con el nombre de *Aleluya,* por aquel París que de buena mañana, con las calles recién regadas, olía a croasán y a pan caliente. Vivía como un estudiante y no era un estudiante; daba la sensación de estar exiliado y no era un exiliado; queda por saber si Julio Cortázar era realmente argentino y no un ser desarraigado, que había convertido la literatura fantástica, el jazz, la pintura de vanguardia, el boxeo y el cine negro en su única patria, y París en una metáfora, en una cartografía íntima». Es un retrato muy fiel, muy sensible, con algunas licencias poéticas: Cortázar se convirtió en un exiliado, cuando el golpe militar en Argentina, y aunque amaba París, siempre se sintió argentino.

Al final de su artículo, Manuel Vicent recrea uno de los episodios más dramáticos y tristes de la vida de Julio Cortázar: cuando en noviembre de 1983, ya enfermo, y una vez caída la dictadura militar, viajó a Buenos Aires, a ver a su madre, enferma, y no fue recibido por ninguna autoridad del gobierno de Alfonsín. Con su rechazo a la burocracia, a las formalidades y al protocolo, es posible que no haya hecho los trámites pertinentes para ser recibido por el presidente del nuevo gobierno, o que su solicitud de una entrevista haya sido interceptada por algún gorila (así se llaman a los reaccionarios argentinos) deseoso de venganza. En todo caso, lo cierto es que la relación de los argentinos con Julio Cortázar siempre fue conflictiva: lo admiraban y lo envidiaban casi de la misma manera.

En el barrio de Palermo, de Buenos Aires, hay una plazoleta con su nombre, muy cerca de la calle dedicada a Jorge Luis Borges, y muy cerca de una parada nocturna de travestidos.

Pienso que él estará contento con esa placita. No porque esté al lado de la calle de Borges, sino porque es parada de travestidos. Julio era un convencido antihomófobo.

XV. CARTA A JULIO, TREINTA AÑOS DESPUÉS

Querido Julio: este es el momento en que tu tía Celia o mi tía Agustina (nuestras tías siempre fueron intercambiables) dirían: «Se fue hace treinta años, cómo pasa el tiempo». Y nos sonreiríamos con complicidad, porque vos siempre dijiste que eras inmortal y yo me sé la fórmula de Einstein, de modo que pienso que el tiempo es relativo. Morir es la forma más definitiva de estar aunque ya no podamos caminar juntos por las calles de París o de Barcelona. No lo hacemos físicamente pero lo hacemos de otra manera. Eso querías decir con lo de inmortal. A veces, solo a veces, releo alguna de tus cartas, esas que no he querido publicar nunca porque estábamos de acuerdo en que las cartas son algo íntimo, privado.

Hay transiciones muy lentas. Hay cambios muy largos, como caminos.

Pero quizás lo fundamental es la fidelidad a uno mismo, esa que tus lectores de ahora perciben con tanta claridad y nitidez como los de antes. (En Barcelona algunos jóvenes han fundado un club de cronopios, por ejemplo.) Creo que no te gustaría para nada ver en qué se transformó la Revolución de Nicaragua, pero, en cambio, te gustaría mucho charlar un rato con Pepe Mújica, el presidente uruguayo que vive humildemente en una chacra y es un filósofo que le explica a los periodistas que la felicidad no es un bien material, que el consumismo nos roba la vida, porque la vida es el tiempo que nos queda, y si lo gastamos solo en consumir se nos va por el desaguadero.

Soy la Cris de tus poemas y soy otra, también, la de libros que he escrito y publicado y no has podido leer o quizás sí, quizás los estás leyendo en otra dimensión, esa a la que no accedo con mis pobres sentidos. Y ya he vivido más años que vos, lo cual me parece una extraña pirueta del destino. Pero como vos, soy fiel a mí misma, esa autenticidad que en nuestros días parece una palabra en desuso, un arcaísmo. Tus lectores y los míos se parecen mucho, creo, porque no envejecen y saben sonreír con un poema o reír con un verso, detestan la solemnidad y los *atos solenes*.

No te gustaría el capitalismo salvaje, ni la especulación financiera, ni que, como siempre, los pobres se multipliquen en proporción directa al aumento de la riqueza de los ricos, pero aplaudirías que en algunos países los homosexuales ya puedan casarse y adoptar niños y que la Tana Rinaldi, como Carlitos, cada día canta mejor.

No he vuelto a París, como tú no has podido volver a Barcelona. Pero te cuento que nuestro restaurante favorito (el Amaya) sigue en las Ramblas, la Fundación Miró continúa con su olivo central y estoy segura, completamente segura, de que te fascinarían *La vie de Adèle* (me dirías: ¿por qué no escribiste vos el guión?) y *La venus de las pieles,* de Polanski (en la edición francesa. Dirías que hay ciertos matices sadomasoquistas que son intraducibles, como llamar *papillon d'amour* a la sífilis).

Por eso, cualquier día, en cualquier momento, nos volvemos a encontrar, porque yo me sé la fórmula de Einstein y vos sos inmortal, como siempre dijiste.

Barcelona, mayo de 2014

Índice